Der Verkehr mit der Bank

Eine Anleitung zur Benutzung des Bankkontos zur Prüfung von Wechselabrechnungen, Kontoauszügen sowie Zins- und Provisionsberechnungen

von

Wilhelm Schmidt
Bankprokurist

Springer-Verlag Berlin Heidelberg GmbH
1920

ISBN 978-3-662-24287-2 ISBN 978-3-662-26401-0 (eBook)
DOI 10.1007/978-3-662-26401-0

Vorwort.

Meine langjährige Tätigkeit als Bankbeamter hat mir den Gedanken nahegelegt, einige Richtlinien für den Verkehr mit der Bank zusammenzustellen, die in der jetzigen Zeit des bargeldlosen Zahlungsverkehrs sowohl für den Geschäftsmann wie für den Laien auf kaufmännischem Gebiete von Nutzen sein dürften.

Das in den Abschnitten: Die Banküberweisung, der Scheck und das Postscheckkonto gemeinverständlich und an Hand erläuternder Beispiele eingehend besprochene Material wird geeignet sein, den Vorteil eines Bankkontos hervorzuheben und die immer noch bestehenden Vorurteile gegen dasselbe beseitigen zu helfen. Im Hinblick auf unsere gegenwärtige wirtschaftliche Lage dürfte das von besonderer Wichtigkeit sein.

Meine Absicht war es außerdem, jeden Inhaber eines Bankkontos in die Lage zu bringen, seinen Bankauszug selbständig nachprüfen zu können. Ich habe mich bemüht, hier berührte banktechnische Fragen so zu behandeln, daß sie dem Geschäftsmann und dem Laien leicht verständlich sind.

Der Wechsel nach seinen Erfordernissen und mit seinen Abrechnungen ist eingehend besprochen; außerdem ist der Kontoauszug nebst den verschiedenen Arten der Zins- und Provisionsberechnung — alles an Hand eines reichen Materials praktischer Beispiele — erschöpfend erläutert. Es dürften daher auch größere Firmen das Büchlein gern in die Hand ihrer Angestellten legen. Sie werden dadurch die Gewähr dafür haben, daß ihr Verkehr mit der Bank sachgemäß geprüft wird. Der Bank selbst wird durch die Vermeidung unnötiger Rückfragen eine nicht geringe Arbeitslast erspart bleiben.

Wegen der eingehenden Behandlung des Kontokorrent-Abschlusses wird das Büchlein schließlich auch dem jungen Kollegen eine willkommene Gabe sein.

Iserlohn, im September 1919.

Wilhelm Schmidt.

Inhalt.

Die Banküberweisung.

Das Ideal des bargeldlosen Zahlungsverkehrs ist die Banküberweisung. Sie erfolgt durch Umschreibung von einem Konto auf das andere, sofern der Auftraggeber sowohl als auch der Zahlungsempfänger bei derselben Bank Konto unterhalten. Da die Banken untereinander ebenfalls in ausgedehntem Verrechnungsverkehr stehen, finden die Überweisungen auch von Bank zu Bank vielfach in höchst einfacher Weise ihre Erledigung. Hat die Bank des auftraggebenden Kunden mit der Bank des Zahlungsempfängers keine unmittelbare Verbindung, so erfolgt die Überweisung durch Vermittlung der Reichsbank, bei der alle Banken Girokonto unterhalten. Zur glatten Abwicklung der Überweisungsaufträge ist es zunächst von Bedeutung, zu wissen, bei welcher Bank der Zahlungsempfänger sein Konto unterhält. Es ist deshalb eine unbedingte Notwendigkeit, auf den Briefbogen, den Rechnungen, sowie überhaupt auf allen geschäftlichen Formularen seine Bankverbindung anzugeben. Auch das Postscheckkonto sollte unter Angabe des Amtes und der Nummer nirgends fehlen. Für die ausführende Bank ist es eine große Erleichterung, wenn ihr die Bankverbindung des Zahlungsempfängers bei Erteilung des Auftrages mit angegeben wird. Die Aufträge selbst gebe man stets in knapper und bestimmter Form. Alle die Bank nicht interessierenden Mitteilungen lasse man fort. Unübersichtliche Aufträge erschweren die Ausführung sehr und geben leicht zu allerlei Irrtümern Veranlassung. Ein Auftrag in folgender Fassung genügt vollkommen:

Berlin, den 2. September 1918.

Berliner Bank-Verein,

Berlin.

Überweisen Sie gefl. zu Lasten meines Kontos:

ℳ 10430,85 an August Lersch in Berlin (Konto bei Ihnen),
„ 23625,30 an Becker & Klein, Akt. Ges., Hamburg (Reichsbank-Girokonto),
„ 8932,80 an Kasseler Bank in Kassel für Rechnung Jul. Schmidt, Kassel,
„ 3730,90 an Forster & Co., Köln (Postscheckkonto Köln Nr. 35670)

ℳ 46719,85

Hochachtungsvoll
Kaspar Noelle.

Der Berliner Bank-Verein schreibt bei Erhalt dieses Auftrages zunächst dem Konto der Firma August Lersch in Berlin den Betrag von ℳ 10430,85 gut unter entsprechender Benachrichtigung an die genannte Firma, und zwar wird er dabei erwähnen, daß die Gutschrift im Auftrage der Firma Kaspar Noelle erfolgt ist.

Dann überweist er der Firma Becker & Klein, Akt. Ges. in Hamburg durch Reichsbank-Girokonto ℳ 23625,30 und teilt ihr ebenfalls mit, daß die Überweisung im Auftrage und für Rechnung der Firma Kaspar Noelle ausgeführt wurde.

Der Kasseler Bank vergütet er durch Kontoübertrag oder durch Reichsbank-Girokonto ℳ 8932,80 und schreibt derselben, daß die Vergütung im Auftrage der Firma Kaspar Noelle und für Rechnung der Firma Jul. Schmidt in Kassel erfolgte. Bei Eingang dieser Überweisung bringt die Kasseler Bank den Betrag dem Konto der Firma Jul. Schmidt gut und setzt diese von der erfolgten Gutschrift in Kenntnis unter gleichzeitiger Mitteilung, daß dieselbe im Auftrage der Firma Kaspar Noelle in Berlin geschah.

ℳ 3730,90 werden dem Postscheckkonto Nr. 35670 der Firma Forster & Co. in Köln beim Postscheckamt Köln überwiesen. Auf dem Überweisungsabschnitt wird bemerkt, daß der Betrag für Rechnung der Firma Kaspar Noelle in Berlin bestimmt ist.

Nachdem alle Überweisungen auf diese Weise ausgeführt worden sind, wird der Gesamtbetrag von ℳ 46719,85 dem Konto der Firma Kaspar Noelle unter entsprechender Mitteilung belastet.

Unterhält eine Firma Reichsbank-Girokonto an einem andern als ihrem Heimatsorte, so ist dies bei dem Überweisungsauftrage zu bemerken. Hat zum Beispiel die Firma Becker & Sohn in Hemer Konto bei der Reichsbank in Iserlohn, so heißt es in dem Auftrage:

ℳ 10 000,— an Becker & Sohn, Hemer (Reichsbank Girokonto Iserlohn).

Zur Erteilung von Überweisungsaufträgen geben die Banken in der Regel besondere Formulare aus. Teilweise sind diesen auch Vordrucke für eigene Mitteilungen an die Zahlungsempfänger beigefügt. Z. B.:

An den

Berliner Bank-Verein

Berlin.

Ich/Wir ersuche...... zu Lasten meiner/unserer Rechnung an ....

....

....

ℳ ....

Mark ....

(in Worten)

durch .... zu vergüten.

...., den .... 19......

....

(Unterschrift.)

Durch den Berliner Bank-Verein in Berlin werden Ihnen in

meinem / unserem Auftrage

M ....

vergütet, die Sie zum Ausgleich Ihrer Rechnung vom ....
benutzen wollen.

Ich bitte um / Wir verzichte auf Empfangsanzeige.

.........................., den .... 19....

....
(Unterschrift.)

Derartige Formulare werden der Einfachheit und der Portoersparnis wegen vielfach auch in Postkartenform hergestellt. Der obere Teil dient als Auftrag für die Bank und ist dieser einzureichen, während das untere Stück zur Mitteilung des Auftraggebers an den Lieferanten zu benutzen ist. Hinter „an" in dem Auftrage an die Bank würde der Zahlungsempfänger und hinter „durch" die Zahlungsweise anzugeben sein; z. B. „Deutsche Bank, Berlin", „Reichsbank-Girokonto Hamburg", „Postscheckkonto Frankfurt a. M. Nr. 23760", „Konto bei Ihnen" usw.

Im Verkehr mit der Bank bediene man sich stets der von der Bank ausgegebenen Formulare. Vor allem aber verquicke man nicht verschiedene Angelegenheiten in einem Briefe und benutze die von der Bank ausgegebenen Formulare nie zu anderen Zwecken, als zu welchen sie bestimmt sind. Man trägt dadurch wesentlich zur leichten und schnellen Abwicklung des Verkehrs bei und beugt manchen Irrtümern vor.

Der Scheck.

Von dem Scheck sollte man nur Gebrauch machen, wenn der Zahlungsempfänger kein Bankkonto hat, oder wenn man nicht feststellen kann, mit welcher Bank er in Verbindung steht. Dem Scheck haften manche Nachteile an gegenüber der Überweisung. Zunächst kann er in Verlust geraten; er kann in unberufene Hände gelangen; und er kann von unbefugter Seite eingezogen werden zum Nachteil des Ausstellers. Die Banken lehnen jede Verantwortung bei Benutzung ihrer Schecks ab und lassen sich bei Aushändigung des Scheckheftes vom Empfänger bestätigen, daß er für alle Folgen aus einer mißbräuchlichen Verwendung der Scheckformulare aufkommt, auch wenn ihn ein Verschulden nicht trifft. Die Schecks lauten in der Regel an „Überbringer" (wolle zahlen an... oder Überbringer). Infolgedessen kann der Betrag dieser Schecks seitens der Bank an jeden Vorzeiger ausgezahlt werden (§ 4 des Scheckgesetzes). Schecks, in denen der Zusatz „oder Überbringer" gestrichen ist, werden nicht eingelöst. Die Banken werden zwar nach Möglichkeit die Interessen ihrer Kunden zu wahren suchen, eine Verantwortung übernehmen sie jedoch nicht. Es empfiehlt sich daher auch sehr, beim Versand durch die Post alle Schecks, soweit sie nicht den Vermerk „Nur zur Verrechnung" tragen, unter „Einschreiben" aufzugeben. Schecks ohne diesen Vermerk sollten eigentlich nur zu Barabhebungen für den eigenen Bedarf, z. B. für Löhnungszwecke und zu Zahlungen an solche Lieferanten verwandt werden, die ein Bankkonto nicht unterhalten.

Außer den „Überbringer-Schecks" gibt es noch die sogenannten „Order-Schecks". In den Order-Scheckformularen steht anstatt „oder Überbringer" „oder Order". In ihrem Wesen unterscheiden sich die Order-Schecks von den Überbringer-Schecks dadurch, daß der Scheckbetrag nicht an jeden Vorzeiger ausgezahlt werden darf. Die Auszahlung kann vielmehr nur an die Person oder Firma erfolgen, die in dem Texte als Empfänger angegeben ist, oder an den Inhaber, auf den der Scheck ordnungsmäßig übertragen wurde. Order-Schecks müssen infolgedessen, sofern sie von der Order, d. h. dem in dem Texte genannten

Empfänger, an eine andere Person oder Firma weitergegeben werden, ebenso wie Wechsel ordnungsmäßig giriert werden. (Siehe „Das Giro“ Seite 14.) Die Folgen einer Auszahlung an einen unberechtigten Vorzeiger trägt bei einem Order-Scheck die Bank. Aus diesem Grunde werden von den Banken Order-Scheckformulare nur ungern ausgegeben.

Hat man Zahlungen an jemand zu leisten, der zwar ein Bankkonto hat, von dem man aber nicht weiß, bei welcher Bank, so bedient man sich des vorhin erwähnten Verrechnungsschecks; das heißt, man schreibt oder stempelt quer über den Scheck den Vermerk „Nur zur Verrechnung“. Solche Verrechnungsschecks dürfen von der bezogenen Bank nicht in bar ausgezahlt werden (§ 14 des Scheckgesetzes). Der Einzug kann vielmehr nur im Wege der Verrechnung stattfinden. Der Empfänger hat einen derartigen Scheck seiner Bank zur Gutschrift auf sein Konto einzureichen. Die Gefahr des Mißbrauches ist durch dieses Verfahren, wenn auch nicht ganz beseitigt, so doch wesentlich verringert. Gegen den Versand eines Verrechnungsschecks im einfachen Briefumschlage dürfte nichts einzuwenden sein.

Zahlungen an das Postamt für Zahlkarten- und Postanweisungsbeträge können durch Verrechnungsscheck erfolgen. Über die Gesamtsumme der einzuzahlenden Beträge ist ein Scheck an die Order des Postamtes auszustellen und am Schalter an Geldes Statt abzugeben. Allerdings ist hier zu berücksichtigen, daß die Post die Zahlkarten und Postanweisungen erst nach Eingang der Schecks zu befördern verpflichtet ist. In besonders eiligen Fällen können bei dieser Art der Bezahlung daher unter Umständen unangenehme Verzögerungen eintreten.

Neben den gewöhnlichen Scheckformularen werden von den Banken in der Regel noch solche in Postkartenform ausgegeben. Postkartenschecks dürfen allerdings nur über Beträge bis zu ℳ 1000 ausgestellt werden und tragen schon den aufgedruckten Vermerk „Nur zur Verrechnung“. Den Abschnitten ist meistens ein perforierter Streifen beigegeben, der vom Empfänger zurückgehalten und somit zu Mitteilungen an ihn benutzt werden kann.

Die Ausstellung der Schecks ist höchst einfach und ergibt sich aus dem vorgedruckten Texte.

Die wichtigsten Bestimmungen des Scheckgesetzes sind:

§ 1. Der Scheck muß enthalten:

1. die in den Text aufzunehmende Bezeichnung als Scheck oder, wenn der Scheck in einer fremden Sprache ausgestellt ist, einen jener Bezeichnung entsprechenden Ausdruck in der fremden Sprache;
2. die an den Bezogenen gerichtete Anweisung des Ausstellers, aus seinem Guthaben eine bestimmte Geldsumme zu zahlen;
3. die Unterschrift des Ausstellers;
4. die Angabe des Ortes und des Tages der Ausstellung.

§ 3. Als Guthaben ist der Geldbetrag anzusehen, bis zu welchem der Bezogene nach dem zwischen ihm und dem Aussteller bestehenden Rechtsverhältnisse Schecks einzulösen verpflichtet ist.

§ 4. Als Zahlungsempfänger kann entweder eine bestimmte Person oder Firma oder der Inhaber des Schecks angegeben werden. Der Aussteller kann sich selbst als Zahlungsempfänger bezeichnen.

Sind dem Namen oder der Firma des Zahlungsempfängers die Worte „oder Überbringer" oder ein gleichbedeutender Zusatz beigefügt oder enthält der Scheck keine Angabe darüber, an wen zu zahlen ist, so gilt er als auf den Inhaber gestellt.

§ 5. Der bei dem Namen oder der Firma des Bezogenen angegebene Ort gilt als Zahlungsort. Die Angabe eines anderen Zahlungsortes gilt als nicht geschrieben. Ist bei dem Namen oder der Firma des Bezogenen ein Ort nicht angegeben, so gilt der Ausstellungsort als Zahlungsort.

§ 6. Ist die zu zahlende Geldsumme in Buchstaben und in Ziffern ausgedrückt, so gilt bei Abweichungen die in Buchstaben ausgedrückte Summe. Ist die Summe mehrmals mit Buchstaben oder mehrmals mit Ziffern geschrieben, so gilt bei Abweichungen die geringere Summe.

§ 7. Der Scheck ist bei Sicht zahlbar. Die Angabe einer anderen Zahlungszeit macht den Scheck nichtig.

§ 8. Der auf einen bestimmten Zahlungsempfänger gestellte Scheck kann durch Indossament (Giro) übertragen werden, wenn nicht der Aussteller die Übertragung durch die

Worte „nicht an Order“ oder durch einen gleichbedeutenden Zusatz untersagt hat. . . . . .

Ein Indossament an den Bezogenen gilt als Quittung.

§ 10. Der Scheck kann nicht angenommen (akzeptiert) werden, ein auf den Scheck gesetzter Annahmevermerk gilt als nicht geschrieben.

§ 11. Der im Inland ausgestellte und zahlbare Scheck ist binnen zehn Tagen nach der Ausstellung dem Bezogenen am Zahlungsorte zur Zahlung vorzulegen.

Fällt der letzte Tag der Frist auf einen Sonntag oder einen am Zahlungstage staatlich anerkannten allgemeinen Feiertag, so tritt an die Stelle des Sonntags oder des Feiertags der nächstfolgende Werktag.

§ 13. Der Bezogene, der den Scheckbetrag bezahlt, kann die Aushändigung des quittierten Schecks verlangen.

Der Ablauf der Vorlegungsfrist ist auf das Recht des Bezogenen zur Zahlung ohne Einfluß.

Ein Widerruf des Schecks ist erst nach dem Ablaufe der Vorlegungsfrist wirksam. (Der Widerruf kann natürlich schon während der Vorlegungsfrist erfolgen, jedoch hat er erst Wirksamkeit, wenn der Scheck innerhalb der Vorlegungsfrist nicht zur Zahlung vorgezeigt worden ist.)

§ 14. Der Aussteller sowie jeder Inhaber eines Schecks kann durch den quer über die Vorderseite gesetzten Vermerk „Nur zur Verrechnung“ verbieten, daß der Scheck bar bezahlt werde. Der Bezogene darf in diesem Falle den Scheck nur durch Verrechnung einlösen. Die Verrechnung gilt als Zahlung im Sinne dieses Gesetzes.

Das Verbot kann nicht zurückgenommen werden. Die Übertretung des Verbotes macht den Bezogenen für den dadurch entstehenden Schaden verantwortlich.

§ 15. Der Aussteller und die Indossanten haften dem Inhaber für die Einlösung des Schecks.

Auch bei dem auf den Inhaber gestellten Scheck haftet jeder, der seinen Namen oder seine Firma auf die Rückseite des Schecks geschrieben hat, dem Inhaber für die Einlösung. Auf den Bezogenen findet diese Vorschrift keine Anwendung.

Hat ein Indossant dem Indossamente die Bemerkung „ohne Gewährleistung“ oder einen gleichbedeutenden Vorbehalt hinzugefügt, so ist er von der Verbindlichkeit aus seinem Indossamente befreit.

§ 16. Zur Ausübung des Regreßrechts muß nachgewiesen werden, daß der Scheck rechtzeitig zur Zahlung vorgelegt und nicht eingelöst oder daß die Vorlegung vergeblich versucht worden ist. Der Nachweis kann nur geführt werden:

1. durch eine auf den Scheck gesetzte, von dem Bezogenen unterschriebene und den Tag der Vorlegung enthaltende Erklärung;
2. durch eine Bescheinigung der Abrechnungsstelle, daß der Scheck vor dem Ablaufe der Vorlegefrist eingeliefert und nicht eingelöst worden ist;
3. durch einen Protest.

§ 29. Im Sinne des § 24 des Gesetzes, betreffend die Wechselstempelsteuer vom 10. Juni 1869 sind als Schecks, für welche die Befreiung von der Wechselstempelabgabe bestimmt ist, diejenigen Urkunden anzusehen, die den Anforderungen der §§ 1, 2, 7, 25, 26 des gegenwärtigen Gesetzes entsprechen.

Die Vorschrift des Abs. 1 findet keine Anwendung auf Schecks, welche vor dem auf ihnen angegebenen Ausstellungstage in Umlauf gesetzt sind. (Vordatierte Schecks sind also wechselstempelpflichtig.) Für die Entrichtung der Abgabe haftet als Gesamtschuldner jeder, der am Umlaufe des Schecks im Sinne des § 5 des Gesetzes, betreffend die Wechselstempelsteuer, im Inlande vor dem Ausstellungstage teilgenommen hat.

Der Wechsel.

Die Erfordernisse.

Der Wechsel muß nach Art. 4—7 der Wechselordnung enthalten:

1. Die in dem Wechsel aufzunehmende Bezeichnung als Wechsel (zahlen Sie gegen diesen Wechsel, Prima-Wechsel usw.) oder wenn der Wechsel in einer fremden Sprache

ausgestellt ist, einen jener Bezeichnung entsprechenden Ausdruck in der fremden Sprache (z. B. französisch „lettre de change“, englisch „bill of exchange“, italienisch „lettera di cambio“, holländisch „wisselbrief“).

2. Die Angabe der zu zahlenden Geldsumme. Sind zwei Summenangaben vorhanden und ist die eine davon in Buchstaben ausgedrückt, so gilt bei verschiedener Angabe die in Buchstaben geschriebene, andernfalls die geringere.
3. Den Namen der Person oder Firma, an welche oder an deren Order gezahlt werden soll. (Fehlt diese Angabe, so ist der Wechsel ungültig.)
4. Die Angabe der Zeit, zu welcher gezahlt werden soll; die Zahlungszeit kann für die gesamte Geldsumme nur ein und dieselbe sein und nur festgesetzt werden auf einen bestimmten Tag (z. B. „1. Februar 1918“, „Anfang März 1918“ d. h. am 1. März 1918; „Mitte April 1918“ d. h. am 15. April 1918; „Ende Juni 1918“ d. h. am 30. Juni 1918), auf Sicht, auf eine bestimmte Zeit nach dem Tage der Ausstellung (z. B. „8 Tage nach heute“, „drei Monate nach heute“) und schließlich, was allerdings nur sehr selten mehr vorkommen dürfte, auf eine Messe oder einen Markt.
5. Die Unterschrift des Ausstellers, und zwar ist die Stelle hierfür unten rechts.
6. Die Angabe des Ortes, Monatstages und Jahres der Ausstellung.
7. Den Namen der Person oder der Firma, welche die Zahlung leisten soll (Bezogener). Bezeichnet der Aussteller sich selber als Bezogenen, so ist der Wechsel *gültig*, sofern die Zahlung an einem andern als dem Ausstellungsorte erfolgen soll.
8. Die Angabe des Ortes, an dem die Zahlung geschehen soll. Der bei dem Namen oder der Firma des Bezogenen angegebene Ort gilt für den Wechsel, sofern nicht ein eigener Zahlungsort angegeben ist, als Zahlungsort.

Die in manchen, hauptsächlich älteren Formularen vorgesehenen Vordrucke für die Quittung über den empfangenen Wert des Wechsels (Wert in Ware, Wert in Rechnung usw.) oder die Mitteilung an den Bezogenen über die erfolgte Ausschreibung (mit/ohne Bericht) sind zur Vollgültigkeit des Wechsels nicht erforderlich. Dagegen ist es der besseren Übersicht wegen sehr empfehlenswert, die Wechsel mit Fälligkeitstag und Zahlungsort zu überschreiben. Z. B. „per 1. Dezember 1918 auf Berlin".

Folgender Wechsel genügt also vollkommen den gesetzlichen Bestimmungen:

Per 1. Dezember 1918 auf Berlin.

Angenommen
Siegfried Müller.

Hamburg, den 1. September 1918. **Für ℳ 1000,—**

Am 1. Dezember 1918 .... zahlen Sie gegen diesen Wechsel an .... mich .... die Summe von Mark Tausend ....

Herrn
Siegfried Müller,
Berlin SW 9
Königstraße 38.

Wilhelm Sauer

Außer dem vorstehenden, dem gezogenen Wechsel, ist der sogenannte eigene Wechsel viel gebräuchlich. In demselben bezeichnet der Aussteller sich selbst als Bezogenen. Die Erfordernisse beim eigenen Wechsel sind dieselben, wie beim gezogenen, nur fällt die nochmalige Nennung des Bezogenen fort. Die eigenen Wechsel werden in der Regel bei der Bank des Ausstellers zahlbar gestellt. Die Banken stellen durchweg ihren Kunden besondere Formulare mit dem aufgedruckten Domizilvermerk zur Verfügung. Die übliche und dem Gesetz entsprechende Form des eigenen Wechsels ist:

Per .... auf Berlin

.... den .... 19.... Für Mark ....

.... zahle .... gegen diesen Wechsel

an ....

Mark ....

zahlbar beim
Berliner Bank-Verein,
Berlin

....

(Unterschrift.)

Die Zahlbarstellung von Solowechseln und Akzepten bei einer Bank empfiehlt sich schon im Interesse des bargeldlosen Verkehrs und erfreut sich auch in Geschäftskreisen mit Recht besonderer Beliebtheit, trotzdem damit natürlich eine höhere Sicherheit für die Einlösung des Wechsels nicht verbunden ist. Aus dem auf den Formularen angebrachten Aufdruck über die als Zahlstelle dienende Bank wird wohl auch nicht mit Unrecht geschlossen, daß der Aussteller des Solowechsels bzw. der Akzeptant des gezogenen Wechsels mit der betreffenden Bank in laufender Geschäftsverbindung steht, ein Umstand, der zweifellos für die Kreditwürdigkeit günstig beurteilt wird. Ein weiterer Vorteil des zahlbar gestellten Wechsels besteht darin, daß er von den meisten Banken auf alle Plätze von einiger Bedeutung spesenfrei eingezogen wird, während der nicht zahlbar gestellte einer besonderen Gebühr unterliegt, die für die einzelnen Orte zwar verschieden ist, und in der Regel 20 bis 30 Pf. für den Abschnitt beträgt.

Der Stempel.

Bevor ein inländischer Wechsel vom Aussteller, ein ausländischer vom ersten inländischen Giranten aus den Händen gegeben wird, muß er mit dem deutschen Stempel versehen werden.

Nach dem Gesetz vom 29. Juli 1918 beträgt der Stempel:

bis ℳ 250	ℳ 0,15
von „ 250 bis 500	„ 0,30
„ „ 500 „ 750	„ 0,45
„ „ 750 „ 1000	„ 0,60

und von ferneren ℳ 1000 je ℳ 0,60 mehr, dergestalt, daß jede angefangenen ℳ 1000 für voll gerechnet werden. ℳ 1500 kosten daher nicht, da gleich zweimal ℳ 750 ℳ 0,90, sondern ℳ 1,20, denn ℳ 1000 sind mit ℳ 0,60 und jede weiteren angefangenen ℳ 1000 ebenfalls mit ℳ 0,60 zu versteuern.

Vorstehender Tarif bezieht sich auf Wechsel mit einer Laufzeit von nicht mehr als 3 Monaten und 5 Tagen. Länger laufende Wechsel kosten bis zu einem Jahre den doppelten Stempel und für jede weiteren angefangenen 6 Monate einen weiteren Stempel.

Die Berechnung von 3 Monaten und 5 Tagen geschieht in der Weise, daß zunächst die 3 Monate und dann die 5 Tage gezählt werden. Ein am 26. September ausgestellter und am 1. Januar fälliger Wechsel kostet daher doppelten Stempel, denn vom 26. September 3 Monate gerechnet, ergibt den 26. Dezember, und vom 26. Dezember bis 1. Januar sind es 6 Tage, da der 31. Dezember in diesem Falle mitgezählt wird. Dagegen kostet ein am 25. November ausgestellter und am 1. März zahlbarer Wechsel nur einfachen Stempel, da die drei Monate bis 25. Februar gehen und es vom 25. Februar bis 1. März nur 4 bzw. 5 Tage sind.

Die Entrichtung der Stempelabgabe erfolgt durch Verwendung von Wechselstempelmarken, die auf die Rückseite des Wechsels zu kleben sind, und zwar, wenn diese unbeschrieben ist, unmittelbar an einem Schmalrande derselben, andernfalls unmittelbar unter dem letzten Vermerke (z. B. bei Wechseln aus dem Auslande). Auf der Stelle, wo die Marke aufgeklebt wird und neben dieser dürfen sich Schriftzeichen nicht befinden. Werden mehrere Marken benötigt, so sind diese nebeneinander, und erst wenn der Raum nicht mehr ausreicht, untereinander zu kleben. Die Entwertung der Marken hat durch Aufschreiben des Datums der Verwendung zu erfolgen. Dabei ist zu beachten, daß der Monat in Buchstaben und nicht in Zahlen wiederzugeben ist. Die Schreibweise „1. X. 18." ist also nicht zulässig. Es muß „1. Okt. 18." heißen. Die Monatsnamen können abgekürzt werden, z. B. Jan., Febr., Sept. usw. Auch ist es nicht erforderlich, die Jahreszahl auszuschreiben, es genügt 18 für 1918.

Der Stempelpflicht kann außerdem genügt werden durch Verwendung von Wechselformularen mit aufgedrucktem Stempel. Eine besondere Entwertung ist in diesem Falle nicht erforderlich. Etwaige Nachstempel sind wie üblich auf der Rückseite anzubringen und zu entwerten. Von der Stempelabgabe befreit bleiben:

1. die vom Auslande auf das Ausland gezogenen und im Auslande zahlbaren Wechsel,
2. die vom Inlande auf das Ausland gezogenen und im Auslande, und zwar auf Sicht oder spätestens innerhalb 10 Tage nach dem Tage der Ausstellung zahlbaren Wechsel, sofern sie vom Aussteller unmittelbar in das Ausland gesandt werden (§ 1, Wechselstempelgesetz).

Dem Aussteller eines inländischen Wechsels und dem ersten inländischen Inhaber eines auf das Inland gezogenen ausländischen Wechsels ist gestattet, den mit einem inländischen Giro noch nicht versehenen Wechsel vor Entrichtung der Stempelabgabe lediglich zum Zwecke der Annahme zu versenden und zur Annahme vorzuzeigen. Der Akzeptant eines unversteuerten Wechsels ist verpflichtet, vor der Rückgabe oder jeder anderweitigen Aushändigung des Wechsels die Versteuerung desselben zu bewirken.

Wird jedoch ein nicht zum Umlauf im Inlande bestimmtes Exemplar eines in mehreren Exemplaren ausgefertigten Wechsels zur Einholung des Akzeptes benutzt, so bleibt der Akzeptant von der Verpflichtung zur Versteuerung befreit, wenn die Rückseite des akzeptierten Exemplares vor der Rückgabe dergestalt durchkreuzt wird, daß dadurch die weitere Benutzung desselben zum Indossieren ausgeschlossen wird (§ 8, Wechselstempelgesetz).

Das Giro.

Stellt der Aussteller den Wechsel an eigene Order aus, so hat er ihn vor Weitergabe an seinen Nachmann zu girieren. Ist der Wechsel an die Order eines Dritten ausgestellt, so hat dieser ihn als erster Girant zu unterschreiben. Jeder Girant muß ihn alsdann bei Weitergabe auf seinen Nachmann übertragen. Das Blankogiro (einfache Namensunterschrift ohne Nennung desjenigen, auf den der Wechsel übertragen wird) ist zulässig. Der übliche Text des Giros ist:

Für mich an
Herrn Karl Wagner.
Wert in Rechnung.
Hugo Krause.

Banken pflegen Wechsel mit Blankogiro nicht anzunehmen. Wo ihnen solche eingereicht werden, wird das Giro in der Regel, gestützt auf Art. 13 der Wechselordnung, vervollständigt.

Banken lassen sich Wechsel von ihren Kunden nur durch Vollgiro übertragen. Als Vollgiro gilt das Blankogiro, dasjenige ohne Quittung über den empfangenen Wert und dasjenige mit der Quittung über den empfangenen Wert, also mit dem Zusatz „Wert in Rechnung“, „Wert in bar“ usw. Ein Giro „Wert zum

Einzug“ ist kein Vollgiro und ermächtigt den Giraten (derjenige, an den der Wechsel giriert wird) nur zum Einzug der Wechselsumme für Rechnung seines Vormannes, es überträgt ihm aber nicht das Eigentumsrecht an dem Wechsel. Von manchen Banken werden den Kunden Girostempel zur Verfügung gestellt.

Neben das Giro kann der Vermerk „ohne Kosten“, „o. K.“, oder auch „ohne Protest“ gesetzt werden. Derselbe besagt, daß im Nichtzahlungsfalle Protest nicht gewünscht wird. Jeder Girant hat das Recht, den Vermerk fortzulassen, und auch der letzte Inhaber kann den Wechsel im Nichtzahlungsfalle trotz des Vermerkes zum Protest geben. Doch ist es überall Sitte „Ohne-Kosten“-Wechsel mangels Zahlung ohne Protest zu behandeln.

Ein „mangels Annahme ohne Kosten“ girierter Wechsel soll für den Fall der verweigerten Annahme nicht wegen der Akzeptverweigerung, wohl aber im Nichtzahlungsfalle mangels Zahlung protestiert werden.

Die Abrechnung.

Der Bank reicht man alle Schecks und Wechsel mit einem Begleitbrief zur Gutschrift ein. Die meisten Banken geben hierfür besondere Wechseleinreichungsformulare aus. Man führt alle Wechsel dem Verfalltag nach geordnet mit Betrag, Verfall und Zahlungsort auf. Die Beträge sind zu addieren. Zum Beispiel:

Anbei erhalten Sie zur Gutschrift:

M	3625,30	Scheck auf Frankfurt a. M.
„	2730,—	Wechsel per 5. Oktober auf Berlin
„	645,90	Wechsel per 12. Oktober auf Spardorf
„	430,95	Wechsel per 26. Oktober auf Mosbach in Baden
„	1230,—	Wechsel per 5. November auf Stuttgart
M	8662,15.	

Die Wechsel werden, sofern es sich um eine gebührenpflichtige Rechnung handelt, meistens unter Abzug von etwaigen Einzugsspesen dem Konto des Einreichers mit Durchschnittsvaluta gutgeschrieben, d. h. die Gutschrift erfolgt in einem Posten. Die Wertstellung dieses Postens, das ist der Tag, von dem an die Zinsberechnung erfolgt, kann naturgemäß auch nur auf einen Tag gesetzt werden. Da nun die einzelnen Scheck- bzw. Wechselbeträge an verschiedenen Tagen fällig sind, ist auf Grund der Einzelbeträge und deren Fälligkeitsterminen der Mitteltag, die Durchschnittsvaluta, zu errechnen. Die Berechnung der Einzugsgebühren erfolgt auf Grund des Inkassotarifs, der von jeder Bank ausgegeben wird. Für alle Plätze von einiger Bedeutung entstehen bei den meisten Banken Einzugsspesen nicht. Auf Abschnitte bis ℳ 800 übersteigen sie in der Regel nicht die Postauftragsgebühren. Auf die in der obigen Aufstellung aufgeführten Wechsel würden nach einem vorliegenden Tarife einer Großbank auf Spardorf ℳ 0,45 (Postauftragsgebühren) und auf Mosbach ℳ 0,30 in Abzug gebracht werden. Für Schecks kommen Einzugsgebühren kaum in Frage, da dieselben durchweg an einem Bankplatz zahlbar sind. Die Valutierung der Schecks erfolgt zwischen 2 und 10 Werktagen nach Eintreffen, je nachdem, um welche Plätze es sich handelt. Bankfähige Wechsel werden per Verfall, andere 2 bis 10 Werktage nach Verfall gutgeschrieben. Die Bestimmungen über die Valutierung der Schecks sowohl als auch der Wechsel sind aus dem Inkassotarif zu ersehen.

Die Gutschrift der in unserer Aufstellung genannten Abschnitte würde demnach in der Annahme, daß die Einreichung am 3. September geschehen ist, ungefähr wie folgt stattfinden:

ℳ	3625,30	Scheck auf Frankfurt	per 6. Sept.
„	2730,—	Wechsel per 5. Okt. auf Berlin	per 5. Okt.
„	645,90	Wechsel per 12. Okt. auf Spardorf	per 20. Okt.
„	430,85	Wechsel per 26. Okt. auf Mosbach	per 4. Nov.
„	1230,—	Wechsel per 5. Nov. auf Stuttgart	per 5. Nov.

Um nun nicht alle Posten einzeln buchen zu müssen, werden sie in einer Summe mit Durchschnittsvaluta gutgeschrieben.

Bei der Berechnung der Durchschnittsvaluta kann man von einem beliebigen Zeitpunkte ausgehen. Betrachten wir zunächst den 6. September als Ausgangspunkt. Die Berechnung stellt sich dann wie folgt:

vom 6. Sept.	bis 5. Okt.	= 29 Tage	× ℳ	2730	=	79170	Zahlen
„ 6. „	„ 20. „	= 44 „	× „	646	=	28424	„
„ 6. „	„ 4. Nov.	= 58 „	× „	431	=	24998	„
„ 6. „	„ 5. „	= 59 „	× „	1230	=	72570	„
						205162	Zahlen.

Die Gesamtsumme der Zahlen wird nun durch den Gesamtmarkbetrag dividiert. Also: 205162 Zahlen : ℳ 8662 = 23,7 = 24 Tage. Die Bruchteile erhöht die Bank natürlich zu ihren Gunsten bzw. sie läßt sie weg. Diese 24 Tage werden zum 6. September gezählt. Als Durchschnittsvaluta ergibt sich alsdann der 30. September.

Gehen wir nun vom Fälligkeitstage des zweiten Wechsels, also vom 5. Oktober aus:

vom 5. Okt.	bis	6. Sept.	= 29 Tage	× ℳ 3625	=	105125 Zahlen
„ 5. „	„	20. Okt.	= 15 „	× „ 646	=	9690 „
„ 5. „	„	4. Nov.	= 29 „	× „ 431	=	12499 „
„ 5. „	„	5. „	= 30 „	× „ 1230	=	36900 „
						59089 Zahlen.

Jetzt wird die Differenz von den Zahlen, die sich vor dem Ausgangstage und denjenigen, die sich nach demselben ergeben, gezogen. Also: 105125 Zahlen
abzüglich 59089 „
Die Differenz von 46036 Zahlen wird nun ebenfalls durch den Gesamtmarkbetrag dividiert. Also: 46036 Zahlen: ℳ 8662 = 5,3 = 5 Tage. Die größte Anzahl der Zahlen ergibt sich bei dem Betrage, der vor dem 5. Oktober liegt. Infolgedessen müssen die 5 Tage vom 5. Oktober an rückwärts gezählt werden. Durchschnittsvaluta ist somit wiederum der 30. September.

Nehmen wir nun auch noch den Verfalltag des letzten Wechsels, den 5. November zum Ausgangspunkte:

vom 5. Nov.	bis	4. Nov.	= 1 Tage	× ℳ 431	=	431 Zahlen
„ 5. „	„	20. Okt.	= 15 „	× „ 646	=	9690 „
„ 5. „	„	5. Okt.	= 30 „	× „ 2730	=	81900 „
„ 5. „	„	6. Sept.	= 59 „	× „ 3625	=	213875 „
						305896 Zahlen.

Hier sind wieder die Gesamtzahlen (305896) durch den Gesamtmarkbetrag zu dividieren. Also: 305896 Zahlen : ℳ 8662 = 35,3 = 35 Tage. 35 Tage vom 5. November rückwärts gerechnet, ergibt ebenfalls 30. September.

Wir sehen also, daß es vollständig einerlei ist, von welchem Tage man bei der Berechnung der Durchschnittsvaluta ausgeht. Man wird vorteilhaft natürlich immer einen solchen Tag wählen, der schätzungsweise dem Durchschnitt nahe liegt, d. h. man wird von einem solchen Tage ausgehen, an dem große Beträge fällig sind, da man auf diese Weise mit verhältnismäßig kleinen Zahlen zu rechnen hat. Tage wie der 30., 15., 10. usw. eignen sich auch für Ausgangspunkte, weil von diesen Terminen an die Anzahl der Tage bis zur Fälligkeit der nächsten Posten leicht zu bestimmen ist. Nimmt man einen Tag aus der Mitte, so sind die beiden Zahlensummen, wie in Beispiel 2, voneinander abzuziehen. Je nachdem sich die größere Anzahl Tage vor oder nach dem Ausgangstage ergibt, ist die errechnete Anzahl Tage rückwärts oder vorwärts von demselben zu zählen.

Die Gutschrift der Wechsel per Fälligkeit kann nur auf gebührenpflichtiger Rechnung erfolgen. (Wegen gebührenfreier und gebührenpflichtiger Rechnung siehe Besprechung der Auszüge Nr. 1 und 2 Seite 31 und 32.) Man wird sie vorteilhaft wählen, wenn man bei der Bank ein Guthaben unterhält. Würde man sich in diesem Falle die Wechsel Wert Einreichungstag unter Abzug von Diskont gutschreiben lassen, so hätte man für den Diskont den Diskontsatz der Reichsbank, in den meisten Fällen sogar den Lombardsatz der Reichsbank zu zahlen, während die Banken für Habenzinsen in gebührenpflichtiger Rechnung in der Regel nur $1^1/_2\,^0/_0$ unter dem Diskontsatz der Reichsbank vergüten. Der Verlust würde demnach $1^1/_2\,^0/_0$ bzw. $2^1/_2\,^0/_0$ betragen. Muß man der Bank Zinsen bezahlen, so wird man bankfähige Wechsel diskontieren lassen, da man auf Konto meist den Reichsbank-Lombardsatz zahlen muß, wohingegen auf bankfähige Wechsel nur der Diskontsatz der Reichsbank gekürzt wird. Man verdient auf diese Weise also $1\,^0/_0$. Handelt es sich um besonders gute Kundenwechsel, d. h. um solche, die die Unterschrift von mindestens zwei erstklassigen Firmen tragen oder gar um Bankakzepte (siehe Besprechung des Auszuges Nr. 6 Seite 36), so läßt sich vielfach noch ein niedrigerer Satz als der Reichsbank-Diskontsatz erzielen. Zunächst ist es jedoch von Bedeutung, welche Vereinbarungen man mit seiner Bank bezüglich Zins- und Diskontsatz getroffen hat. Auf gebührenfreier Rechnung können Wechsel nur unter Abzug von Diskont und Provision gutgeschrieben werden.

Mangels Zahlung zurückgekommene Wechsel werden dem Kunden zurückgegeben und seinem Konto wieder belastet.

Jeder Girant ist berechtigt, außer den Kosten seines Vormannes $^1/_3\,^0/_0$ Provision, $6\,^0/_0$ Verzugszinsen, sowie seine Portoauslagen zu berechnen. Verzugszinsen werden von den Banken dem Kunden in vielen Fällen nicht in Anrechnung gebracht, dagegen werden die Beträge Wert Verfall zurückbelastet. Die Verzugszinsen erscheinen somit in der Gesamtzinsenberechnung am Halbjahresschlusse. (Siehe Auszüge Nr. 2, 5 und 6.)

Der Kontoauszug.

Allgemeines.

Die Bedingungen, unter denen die Konten geführt werden, werden mit jedem Kunden vereinbart. Um sich die Konditionen nicht gegenseitig zu verderben, haben sich die Banken in Verbände zusammengeschlossen und gewisse Richtlinien für die Führung der Konten aufgestellt. An die Abmachungen der Bankenvereinigung sind die Mitglieder gebunden. Unseren Beispielen liegen die üblichen Bedingungen zugrunde:

> Für gebührenpflichtige Rechnung: Zinsen zugunsten der Bank $1\,^0/_0$ über dem Diskontsatz der Reichsbank, mindestens $5\,^0/_0$; Zinsen zugunsten des Kunden $1^1/_2\,^0/_0$ unter demselben, höchstens $4\,^0/_0$. Provision $^1/_4\,^0/_0$ vom Umsatz, mindestens jedoch vom dreifachen Höchstvorschuß im Halbjahre.
>
> Für gebührenfreie Rechnung: Zinsen zum halben Diskontsatze der Reichsbank, höchstens $3\,^0/_0$.

Halbjährlich erteilt die Bank dem Kunden Rechnungsauszug. Derselbe enthält alle Posten, die während des Halbjahres gebucht sind. Über jede Buchung bekommt der Kunde eine Aufgabe von der Bank. Gehen an einem Tage mehrere Überweisungen ein, oder werden mehrere ausgeführt, so stehen sie im Auszuge in der Regel in einer Summe unter der Bezeichnung „Überw. verschiedene“. Die Zusammensetzung ergibt sich aus dem Briefwechsel. Auch die eingereichten Schecks und Wechsel werden in einer Summe unter „Schecks“ oder „Wechsel“ gutgeschrieben. Die Angabe über gekürzte Beträge für Einzugsgebühren usw. sind aus den brieflichen Aufgaben zu ersehen.

Die auf die Bank ausgestellten Schecks werden mit Angabe der Nummer belastet, und zwar Wert Ausstellungstag, sofern der Kunde am Sitz der Bank wohnt, und Wert einen Werktag nach Ausstellung bei auswärtigen Kunden. Auch bei dieser Valutierung der Schecks handelt es sich um eine Abmachung der Bankenvereinigung. Eine besondere Mitteilung über die Belastung der eingelösten Schecks erfolgt in der Regel nicht. Das Konto der Bank ist daher gleich bei Ausschreibung entsprechend zu erkennen.

Die bei der Bank zahlbar gestellten Akzepte werden meistens ebenfalls ohne Mitteilung an den Akzeptanten zu dessen Lasten eingelöst. Allerdings müssen sie der Bank mit Angabe des Betrages, des Verfalles und der Order zur Einlösung aufgegeben werden.

Die Berechnung der Zinsen erfolgt auf verschiedene Arten. In Frage kommen die progressive und die retrograde Methode und außerdem die Zinsstaffel. Alle drei Methoden haben gemeinsam, daß von jedem Posten nicht sofort die Zinsen, sondern vorläufig nur die Zinszahlen ausgerechnet werden. Der Monat zählt hierbei zu 30 und das Jahr zu 360 Tagen. Der Anfangs- und Schlußtag gilt als ein Tag.

Die Berechnung der Zinsen geschieht bekanntlich nach der Formel: Kapital mal Tage dividiert durch 100, mal Zinsfuß dividiert durch 360. Bei Ausrechnung der Zinszahlen bleibt man nun gewissermaßen auf halbem Wege stehen, indem man nur Kapital mal Tage, dividiert durch 100, errechnet.

Nachdem auf diese Weise die Zinszahlen von jedem Posten festgestellt, die einzelnen Summen addiert und eventuell der Saldo von Soll- und Habenzinszahlen gezogen worden ist, vollendet man die Berechnung, indem man mit dem Zinsfuß multipliziert und durch 360 dividiert. Das letztere Verfahren kann man in vielen Fällen dadurch vereinfachen, daß man statt z. B. mit 4 zu multiplizieren und 360 zu dividieren, mit 360 : 4 = 90 dividiert. 90 nennt man in diesem Falle den Zinsdivisor für 4%. Der Zinsdivisor ist für

2% = 180		4½% = 80
2½% = 144		5% = 72
3% = 120		6% = 60
4% = 90		

Für $3^1/_2{}^0/_0$ hat man keinen einfachen Zinsdivisor. Man kann aber $3^1/_2{}^0/_0$ leicht ausrechnen, indem man zunächst $3^0/_0$ feststellt und zum Resultate $^1/_6$ von demselben hinzuaddiert. Zum Beispiel $3^0/_0$ = ℳ 30,—; $^1/_2{}^0/_0$ = 30: 6 = 5; also $3^1/_2{}^0/_0$ = ℳ 35,—. Bei $5^1/_2{}^0/_0$ verfährt man ebenso. Man rechnet erst $5^0/_0$ aus und nimmt dann $^1/_{10}$ des festgestellten Betrages hinzu. Auf diese Art lassen sich eine ganze Reihe sonst umständlich auszurechnender Zinssätze zerlegen.

Doch betrachten wir nun die einzelnen Methoden an Hand der Auszüge.

Die progressive Methode.

Bei der progressiven Methode rechnet man alle Posten auf den Abschlußtag ab. Nehmen wir Auszug Nr. 1. Das Konto beginnt am 1. Januar und ist abzuschließen per 30. Juni. Die Zinsberechnung erfolgt zu $2^1/_2{}^0/_0$.

Der Habensaldo am 1. Januar beträgt ℳ 126567,80 Wert 31. Dezember. Er hat am 30. Juni einen Wert von ℳ 126567,80 + $2^1/_2{}^0/_0$ Zinsen für die Zeit vom 31. Dezember bis 30. Juni, also für 180 Tage. Statt der Zinsen werden zunächst nur Zinszahlen ausgerechnet. Unser Anfangssaldo hat demnach am 30. Juni einen Wert von ℳ 126567,80 + $2^1/_2{}^0/_0$ Zinsen aus 227822 Zinszahlen.

Am 9. Januar ist eine Gutschrift von ℳ 30000,— Wert 9. Januar erfolgt. Der Wert dieses Postens beträgt per 30. Juni ℳ 30000 + $2^1/_2{}^0/_0$ Zinsen vom 9. Januar bis 30. Juni oder ℳ 30000 + $2^1/_2{}^0/_0$ Zinsen aus 51300 Zinszahlen.

So wird von jedem Posten der Wert per 30. Juni festgestellt. Der Mehrwert wird nicht in Mark, sondern nur in Zinszahlen ausgedrückt. Die Zinszahlen sind neben die Beträge in die dafür vorgesehene Spalte zu setzen.

Im Soll verhält sich die Sache naturgemäß ebenso. Die am 5. Januar belasteten ℳ 586,90 Wert 27. Dezember sind am 30. Juni auf ℳ 586,90 + $2^1/_2{}^0/_0$ Zinsen für die Zeit vom 27. Dezember bis 30. Juni oder auf ℳ 586,90 + $2^1/_2{}^0/_0$ Zinsen aus 1074 Zinszahlen angewachsen. Auch im Soll werden auf diese Weise von jedem Posten die Zinszahlen ausgerechnet.

Im Haben befindet sich nun noch ein Posten ℳ 5639,25 Wert 3. Juli. Dieser Betrag ist also erst nach dem Abschlußtage verfallen. Da wir aber den Saldo Wert 30. Juni feststellen wollen, müssen wir auch diesen Posten entsprechend bewerten. Am 30. Juni sind die ℳ 5639,25 nicht ℳ 5639,25 wert, sondern ℳ 5639,25 ·/.*) 3 Tage $2^1/_2\,^0/_0$ Zinsen. Bei den anderen Posten haben wir den Mehrwert nur in Zinszahlen zum Ausdruck gebracht; infolgedessen ist hier der Minderwert ebenfalls in Zinszahlen wiederzugeben. Die ℳ 5639,25 sind also per 30. Juni ℳ 5639,25 ·/. $2^1/_2\,^0/_0$ Zinsen aus 169 Zinszahlen wert. Um nun diese Zahlen, aus denen die Zinsen abzuziehen sind, von den anderen unterscheiden zu können, schreibt man sie rot.

Die Gesamthabenposten von ℳ 191480,17**) haben somit am 30. Juni einen Wert von ℳ 191480,17 + $2^1/_2\,^0/_0$ Zinsen aus 305460 der Gesamtsumme der Habenzinszahlen ·/. 169 rote Zinszahlen = 305291 Zinszahlen = ℳ 2120,05 = ℳ 193600,22, während die Gesamtsollposten einen Wert von ℳ 141908,45 + $2^1/_2\,^0/_0$ Zinsen aus 119766 Gesamtsollzinszahlen = ℳ 831,70 = ℳ 142740,15 darstellen.

Im Kontokorrent ist es nicht angängig, auf einer Seite einen Betrag abzuziehen. Man überträgt vielmehr die abzuziehende Summe auf die entgegengesetzte Seite. Infolgedessen werden in unserem Konto die *169* roten Habenzinszahlen nicht im Haben abgezogen, sondern sie werden schwarz ins Soll übertragen und hier mitaddiert.

Um nun nicht zweimal Zinsen ausrechnen zu müssen, zieht man den Saldo der Zinszahlen und errechnet nur aus diesem Zinsen. Die Zinsen sind auf die Seite zu setzen, auf der sich der Überschuß der Zinszahlen befindet.

Der Zinszahlensaldo beträgt 185525; $2^1/_2\,^0/_0$ Zinsen daraus ergeben ℳ 1288,35, und zwar ist der Betrag ins Haben zu schreiben, da sich der Überschuß der Zinszahlen im Haben befindet. Die Differenz zwischen den vorhin im Haben errechneten Zinsen von ℳ 2120,05 und denjenigen im Soll von ℳ 831,70 beträgt ebenfalls ℳ 1288,35 zugunsten der Habenseite.

Man merke sich also: Bei der progressiven Methode werden die Tage vom Verfalltage der einzelnen Posten bis zum Abschlußtage gezählt. Die nach dem Abschlußtage verfallenden Posten

---

*) Abzüglich.

**) Die Zwischenadditionen sind in den Auszügen in kleiner Schrift mit eingetragen.

ergeben rote Zahlen. Vor Ziehung des Zinszahlensaldos sind rote Habenzahlen schwarz ins Soll und rote Sollzahlen schwarz ins Haben zu übertragen und hier mitzuaddieren. Die Zinsen gehören auf die Seite, auf der sich die größere Summe der Zinszahlen befindet.

Die retrograde Methode.

Wenn bei der progressiven Methode alle Posten auf den Abschlußtag abgerechnet werden, so werden sie bei der retrograden zunächst alle auf den Ausgangstag zurück diskontiert. Machen wir uns nun die retrograde Methode an dem Auszuge Nr. 2 klar. Das Konto beginnt am 1. Juli und ist abzuschließen per 31. Dezember. Die Zinsberechnung erfolgt zu $3^1/_2$ %. Wie schon gesagt, werden vorläufig alle Posten auf den 30. Juni zurückgerechnet, d. h. es wird für jeden Posten der Wert per 30. Juni festgestellt. Der Habensaldo von ℳ 5637,80 hat schon Wert 30. Juni. Für ihn kommen daher Zinszahlen nicht in Frage.

Der 2. Posten von ℳ 1460,30 Wert 26. August hat per 30. Juni einen Wert von ℳ 1460,30 ·/. $3^1/_2$ % Zinsen vom 30. Juni bis 26. August = ·/. $3^1/_2$ % Zinsen aus 818 Zinszahlen. Der Minderwert wird wiederum nur in Zinszahlen ausgedrückt. Vom 3. Habenposten sind, um denselben Wert 30. Juni zu haben, $3^1/_2$ % Zinsen für 35 Tage = $3^1/_2$ % aus 675 Zinszahlen zu kürzen.

Die Zinszahlen werden, wie auch bei der progressiven Methode, neben die einzelnen Posten in die vorgesehene Spalte eingetragen, aber während sie bei der progressiven Methode einen Mehrwert darstellen, drücken sie hier einen Minderwert aus.

Die nach dem Abschlußtage verfallenden Posten sind natürlich auf dieselbe Weise auf den Ausgangstag zurückzurechnen. Von den im Haben am 5. Januar fälligen ℳ 1560,10 werden eben für die Zeit vom 30. Juni bis 5. Januar, also für 185 Tage, Zinszahlen gerechnet.

Die Gesamtsumme der Habenposten hat nun per 30. Juni einen Wert von ℳ 15580,25 ·/. $3^1/_2$ % Zinsen aus 11183 der Gesamtsumme der Habenzinszahlen.

Im Soll liegt die Sache ebenso. Auch hier wird der Minderwert per 30. Juni von jedem Posten in Form von Zinszahlen ausgerechnet.

Der erste Sollposten von ℳ 530,90 ist jedoch am 28. Juni, also vor dem Ausgangstage, verfallen. Er hat am 30. Juni infolgedessen einen Wert von ℳ 530,90 + $3^1/_2$ % Zinsen für 2 Tage oder aus 11 Zinszahlen. Da nun diese 11 Zinszahlen einen Mehrwert darstellen, werden sie zum Unterschied von den anderen wiederum rot geschrieben. Der Wert der gesamten Sollposten beträgt demnach per 30. Juni ℳ 10029,75 ·/. $3^1/_2$ % Zinsen aus 8162 der Gesamtsumme der Sollzinszahlen ·/. 11 rote Zahlen, also abzüglich $3^1/_2$ % Zinsen aus 8151 Zinszahlen.

Wir haben jetzt den Wert des ganzen Kontos per 30. Juni. Der Abschluß soll jedoch per 31. Dezember erfolgen. Es ist daher nunmehr der Kapitalsaldo vom 31. Dezember für die Zeit vom 30. Juni bis zum 31. Dezember zu verzinsen. Die bisher berechneten Zinszahlen, mit Ausnahme der 11 roten Sollzahlen, sind Diskontzahlen und müssen abgezogen werden. Bei der Besprechung der progressiven Methode haben wir gesehen, daß man im Kontokorrent Beträge, die abzuziehen sind, auf die andere Seite überträgt. Infolgedessen müßte man nun zunächst die schwarzen Sollzahlen gegen die schwarzen Habenzahlen austauschen und die roten Zahlen auf derselben Seite stehenlassen, aber sie schwarz schreiben. Das tut man nun nicht, sondern man setzt die Zahlen vom Saldo auf die entgegengesetzte Seite. Die roten Zahlen müssen infolgedessen, um gegenüber den anderen Zahlen ihren richtigen bzw. ihren falschen Wert zu erhalten, schwarz auf die andere Seite übertragen werden.

Die Zinsen werden sodann wiederum aus dem sich ergebenden Zahlensaldo gerechnet. Sie sind aber, da die Zinszahlen alle auf der verkehrten Seite stehen, nicht auf die Seite zu schreiben, auf der sich die meisten Zahlen ergeben, sondern auf die entgegengesetzte.

Für die retrograde Methode ist demnach zu beachten: Alle Posten werden auf den Ausgangstag zurückgerechnet. Die Tage werden vom Ausgangstage bis zum Verfalltage gezählt. Vor dem Ausgangstage verfallene Posten ergeben rote Zahlen. Nachdem von allen Posten die Zinszahlen ausgerechnet sind, wird der Kapitalsaldo gezogen, und zwar ohne Berücksichtigung etwaiger Beträge für Zinsen, Provision, Spesen usw. Aus dem Kapitalsaldo werden für die Zeit vom Ausgangstage bis zum Abschlußtage Zinszahlen errechnet (also bei halbjährlichem Abschlusse für 180 Tage). Die Zinszahlen werden auf die entgegengesetzte Seite gestellt. Eine größere Habenseite ergibt somit aus dem Kapitalsaldo Sollzinszahlen und eine größere Sollseite Habenzahlen. Die Zinsen sind auf die verkehrte Seite zu schreiben, so daß bei einem Überschuß der Zinszahlen im Soll Habenzinsen und bei einem Überschuß im Haben Sollzinsen entstehen.

Man wird die retrograde Methode besonders bei solchen Konten anwenden, die viele nach dem Abschlußtage verfallende Posten aufweisen, da bei der retrograden Methode diese keine roten Zahlen ergeben, deren Übertrag auf die andere Seite ja immerhin lästig ist.

Die Zinsstaffel.

Die am leichtesten verständliche Art der Zinsberechnung ist wohl die mit Hilfe der Staffel. In der Praxis ist sie aber etwas umständlich, und deshalb wird sie nur da gebraucht, wo sie unbedingt notwendig ist, d. h. bei Konten, die abwechselnd Guthaben unterhalten und Vorschuß in Anspruch nehmen. Nehmen wir Auszug Nr. 3. Das Konto ist abzuschließen per 31. Dezember. Die Zinsberechnung erfolgt bei Vorschuß zu 6 % und bei Guthaben zu $3^1/_2$ %. Die rot eingesetzten Kapitalbeträge scheiden aus der Zinsberechnung aus.

Der erstfällige Posten steht im Soll unter dem 6. Juli, und zwar ℳ 137,80 Wert 25. Juni. Diesen Betrag tragen wir zunächst in ein besonderes Formular, die Zinsstaffel, ein, und zwar nicht mit dem Buchungsdatum, sondern mit dem Verfalltage, also dem 25. Juni. Der nächstfällige Betrag ist ebenfalls ein Sollposten, ℳ 530,70 Wert 29. Juni. Unter dem 29. Juni addieren wir diesen zu der ersten Summe von ℳ 137,80. Der Kunde schuldet nun vom 25. Juni bis 29. Juni ℳ 137,80. Es werden daher von diesem Betrage für 4 Tage Zinszahlen ausgerechnet und ins Soll gesetzt.

Am 29. Juni beträgt die Schuldsumme ℳ 668,50. Sie verringert sich am 30. Juni um ℳ 260,80. Folglich entstehen vom 29. Juni bis 30. Juni von ℳ 668,50 für einen Tag Sollzahlen.

Am 30. Juni hat sich die Schuld auf ℳ 407,70 ermäßigt. Unter dem 5. Juli kommt ein weiterer Habenposten hinzu von ℳ 1320,60. ℳ 407,70 ergeben somit vom 30. Juni bis 5. Juli für 5 Tage Sollzahlen.

Durch den Habenposten vom 5. Juli hat das Konto an diesem Tage ein Guthaben von ℳ 912,90 bekommen. Dasselbe bleibt bestehen bis zum 15. Juli, dem Verfalltage des nächsten Postens. Vom 5. Juli bis 15. Juli ergeben sich daher 91 Habenzahlen.

Auf diese Weise werden nun die Zinszahlen vom Saldo von einem Verfalltage zum andern ausgerechnet und je nachdem der Saldo im Soll oder im Haben steht, in die Soll- oder Habenspalte gesetzt. Verfallen an einem Tage mehrere Posten, so werden sie in die Staffel in einer Summe eingetragen. Sind es Soll- und Habenposten, so ist der Saldo zu ziehen, und je nachdem, ob Soll oder Haben größer ist, ist derselbe ins Soll oder Haben zu schreiben. In unserem Auszuge sind am 6. Dezember im Soll ℳ 540,80 und im Haben ℳ 587,39 fällig. In der Staffel erscheint unter dem 6. Dezember nur die Differenz von ℳ 46,59 als Habenposten.

Sind alle Posten in die Staffel aufgenommen, so muß der sich ergebende Endsaldo mit dem Saldo des Kontokorrents übereinstimmen. In unserm Beispiel ist der Schlußsaldo der Staffel von ℳ 6143,36 gleich dem Saldo des Kontos unter Berücksichtigung der roten Kapitalbeträge, die aus der Zinsberechnung ausscheiden.

Um festzustellen, ob die Tage von einem Verfalltage zum andern richtig gerechnet sind, addiert man die Spalte für die Tage. Die Addition muß gleich der Anzahl der Tage vom Verfalltage des ersten Postens bis zum Abschlußtage sein. In unserer Staffel ergibt die Addition 185 Tage. Vom 25. Juni, dem Verfalltage des ersten Postens, bis zum 31. Dezember, dem Abschlußtage, sind es ebenfalls 185 Tage.

Der letzte innerhalb der Abschlußperiode verfallende Posten ist am 6. Dezember fällig. Der Habensaldo beträgt am 6. Dezember ℳ 3170,04. Da der Abschluß per 31. Dezember zu erfolgen hat, sind von diesem Saldo nicht Habenzahlen bis zum 3. Januar, dem Verfalltage des nächsten Postens, zu errechnen, sondern nur bis zum 31. Dezember, also nur für 24 Tage.

Die nach dem 31. Dezember verfallenden Posten verringern sich, um Wert 31. Dezember zu haben, um den Zinsbetrag vom 31. Dezember bis zum Verfalltage eines jeden Postens. Die Zinszahlen sind daher zum Zeichen, daß sie abzuziehen sind, rot zu schreiben.

Bisher haben wir die Zinszahlen jedesmal vom Saldo gerechnet. Da der Saldo Wert 31. Dezember stehenbleiben muß, dürfen nur die später verfallenden Posten zurückgerechnet werden. Infolgedessen sind die roten Zinszahlen von jedem einzelnen Posten und nicht etwa vom Saldo zu rechnen. Von den am 3. Januar fälligen ℳ 2763,80 müssen deshalb für 3 Tage, für die am 25. Januar fälligen ℳ 1930,75 für 25 Tage (nicht etwa für 22 Tage) und für die am 12. Februar fälligen ℳ 2140,27 für 42 Tage (nicht 17 Tage) rote Zahlen eingesetzt werden.

Die roten Sollzahlen würden nun nach dem Grundsatze, den wir bisher aufgestellt haben, schwarz ins Haben und die roten Habenzahlen schwarz ins Soll zu übertragen sein. Bei der progressiven und retrograden Methode traf das ohne weiteres zu, denn da kam für die Soll- und Habenposten ein einheitlicher Zinssatz in Frage, weil der Saldo stets auf derselben Seite blieb. Bei der Staffel ist das nicht in gleichem Maße der Fall, denn hier hat man es mit verschiedenen Zinssätzen für Soll und Haben zu tun. In unserm Beispiel kommen für Soll 6 % und für Haben 3½ % in Betracht. Die Zinszahlen im Soll sind daher geldlich bedeutend mehr wert als die Habenzahlen. Würden wir die roten 982 Habenzahlen schwarz ins Soll übertragen, so würden aus denselben 6 % Zinsen berechnet werden, während aus den roten schwarz ins Haben übertragenen Sollzahlen nur 3½ % berechnet würden. Da das Konto ein Guthaben per 31. Dezember aufweist, dürfte wohl der Kunde nicht damit einverstanden sein, daß ihm seine nach dem 31. Dezember verfallenden Wechsel zu 6 % diskontiert werden, während er für das dadurch entstandene Guthaben nur 3½ % wiederbekommt. Der Übertrag der roten Sollzahlen ins Haben ist daher in Ordnung, denn dadurch werden sie zu 3½ % bewertet; dagegen müssen die roten Habenzahlen in diesem Falle von den schwarzen Habenzahlen abgezogen werden. Auf diese Weise werden die nach dem 31. Dezember verfallenden Posten zu 3½ % diskontiert, also zum selben Satze, der voraussichtlich auch im nächsten Halbjahre wieder für Guthaben vergütet wird.

Hätte das Konto am 31. Dezember einen Sollsaldo, so wären die roten Habenzahlen schwarz ins Soll zu übertragen. Die roten Sollzahlen müßten dagegen von den schwarzen Sollzahlen abgezogen werden. Die Diskontierung erfolgte dann zu dem in diesem Falle ordnungsgemäßen Satze von 6 %.

Auf Grund gesetzlicher Vorschriften müssen die Soll- und Habenzinsen getrennt ins Kontokorrent eingesetzt werden.

Die früher übliche Einsetzung per Saldo ist nicht mehr gestattet. Sollte sie wirklich noch einmal erfolgen, so wäre natürlich der Saldo der Zinsen einzutragen. Wollte man etwa die Zinsen aus dem Saldo der Zinszahlen errechnen, so wäre der ganze Zweck der Staffel verfehlt.

Bezüglich der Staffelrechnung merke man sich also: Die Beträge sind nach dem Verfalltage und nicht nach dem Buchungstage in die Staffel einzusetzen. Verfallen an einem Tage mehrere Posten, so sind sie in einer Summe bzw. sofern es Soll- und Habenposten sind, per Saldo einzutragen. Von dem am Verfalltage des letzten in die Abschlußperiode fallenden Postens sich ergebenden Saldo sind Zinszahlen nur bis zum Abschlußtage zu rechnen. Die Addition der schwarzen Tage muß gleich sein der Anzahl der Tage vom Verfalltage des ersten Postens bis zum Abschlußtage. Von den nach dem Abschlußtage verfallenden Posten gibt es rote Zahlen, und zwar sind die Tage vom Abschlußtage bis zum Verfalltage eines jeden Postens zu zählen. Die roten Tage werden neben die einzelnen Posten geschrieben, während die schwarzen neben die Salden zu setzen sind. Die Summe der roten Sollzahlen ist entweder schwarz ins Haben und diejenige der roten Habenzahlen schwarz ins Soll zu übertragen, oder die roten Zahlen sind von den schwarzen Zahlen derselben Seite abzuziehen. Welches Verfahren zu wählen ist, muß sich aus dem jeweiligen Konto ergeben.

Die Provisionsberechnung.

Für die Provisionsberechnung lassen sich bestimmte Richtlinien nicht aufstellen. Die Berechnungsart ist bei den einzelnen Banken verschieden und richtet sich auch wieder nach den mit jedem Kunden getroffenen Vereinbarungen. In Frage kommt in erster Linie die Umsatzprovision. Sie wird meistens berechnet von der größeren Seite unter Abzug des Saldovortrages und etwaiger provisionsfreier Umsatzposten. Als solche gelten z. B. vielfach die Rückwechsel, weil bei ihnen die jedem Giranten zustehende Rückwechselprovision von $^1/_3\,^0/_0$ schon bei Rückbelastung des Wechsels mit verrechnet werden kann. Der Saldo dürfte wohl in allen Fällen zu kürzen sein, auch wenn er nicht auf der Seite steht, von der nun gerade der Umsatz genommen wird. Von den provisionsfreien Umsatzposten kann man das nicht in derselben Weise sagen, da hier die Handhabung bei den einzelnen Banken verschieden ist.

Ein Beispiel für Umsatzprovision haben wir im Auszuge Nr. 2. Die Sollseite weist eine Addition von ℳ 10029,75 und die Habenseite eine solche von ℳ 15580,25 auf. Die größere Seite ist demnach die Habenseite. Der Saldovortrag von ℳ 5637,80 ist frei. Für die Provisionsberechnung kommen daher ℳ 15580,25 ·/. ℳ 5637,80 = ℳ 9942,45 in Frage. $^1/_4$ $^0/_0$ daraus ergibt den im Konto eingesetzten Betrag von ℳ 24,85.

Neben der Umsatzprovision ist wohl die Vorschußprovision am gebräuchlichsten. Sie wird meistens in den Fällen in Anrechnung gebracht, in denen ein genügender Umsatz im Verhältnis zum Vorschuß nicht erzielt wird. Die Banken machen es in der Regel zur Bedingung, daß der zu höchst in Anspruch genommene Vorschuß mindestens einige Male umgesetzt werden muß, andernfalls die Provision aus einem vereinbarten Mehrfachen des Höchstvorschusses in Ansatz kommt. Ein Beispiel dafür finden wir im Auszuge Nr. 5. Die Endsumme der Sollseite ist ℳ 79653,29, die der Habenseite ℳ 85749,50. Würde von der größeren Habenseite der Vortrag mit ℳ 62735,80 abgezogen, so blieben für die Provisionsberechnung nur ℳ 23013,70. Nach unserer Annahme ist für das Konto aber eine Provision von mindestens dem Dreifachen des Höchstvorschusses im Halbjahre vereinbart. Am 5. Oktober weist das Konto den Höchstvorschuß auf, und zwar mit ℳ 64389,04. Die Provision ist demnach aus dem Dreifachen dieses Betrages, also aus ℳ 193167,12 zu berechnen.

Zuweilen bildet die Grundlage für die Provisionsberechnung auch der Höchstvorschuß im Monat oder im Vierteljahr. Ein Beispiel für Vierteljahrhöchstvorschuß-Provision haben wir im Auszuge Nr. 7. Als Höchstvorschuß des dritten Vierteljahres kommt der Saldo vom 18. September mit ℳ 61483,15 und des letzten Vierteljahres der vom 28. November mit ℳ 50871,65 in Frage. Außerdem wird hier und da eine Mindestprovision von einem bestimmten Betrage, z. B. von ℳ 200000 oder auch eine solche in einem bestimmten Betrage, z. B. ℳ 100 für das Halbjahr ausbedungen.

Es gibt noch eine ganze Reihe anderer Arten der Provisionsberechnung. Es kommt in erster Linie immer darauf an, welche Vereinbarung mit der Bank getroffen worden ist.

Einer besonderen Provisionsberechnung unterliegen die Akzepte. Hier ist der Satz von der Bankenvereinigung allgemein auf $^1/_3$ $^0/_0$ festgesetzt worden. Die Akzepte müssen daher in der Abrechnung für sich aufgeführt werden. Siehe Auszug Nr. 6. Bei der Berechnung der Umsatzprovision sind die Akzeptbeträge dann naturgemäß als frei zu betrachten, wenigstens soweit die Provision von der Sollseite berechnet wird. Kommt dafür die Habenseite in Frage, so dürfte wohl die Handhabung verschieden sein. Jedenfalls kommt es auch hier auf die Abmachung an. Vielfach werden über die Akzepte auch besondere Rechnungen geführt.

Die Avale nehmen in der Provisionsberechnung ebenfalls eine eigene Stellung ein. Bei den Avalen handelt es sich um solche Beträge, für die die Bank Bürgschaft geleistet hat, z. B. der Eisenbahn gegenüber für Frachtenstundungskonto usw. Es kommen hier nicht tatsächlich gezahlte Beträge in Frage, sondern nur solche Summen, die, sofern der Kunde in Verzug geraten sollte, eingefordert werden können. Weil es sich nun nicht um wirkliche Belastungen bzw. um Gutschriften bei der Rückgabe handelt, werden die Posten rot ins Kontokorrent eingetragen. Dieses Rot will natürlich nicht, wie bei den *Zinszahlen*, besagen, daß der Betrag eigentlich auf *die andere Seite* gehört, sondern es soll zum Ausdruck bringen, daß Zahlung nicht erfolgt, vielmehr nur Bürgschaft geleistet ist. Aus der Zinsberechnung scheiden daher die Avalposten vollständig aus. Wohl aber lassen sich die Banken für ihre Bürgschaftsleistung eine Provision zahlen. Die Berechnung derselben erfolgt in der Regel pro Vierteljahr. Siehe Auszüge Nr. 3 und 6.

Porti und Spesen.

Die entstandenen Auslagen für Porto, Telefon- und Telegrammgebühren hat der Kunde zu tragen. Sie werden ihm meistens halbjährlich bei Erteilung des Auszuges belastet. In den berechneten Spesen sind vielfach auch die Auslagen für die im Interesse des Kunden eingeholten Auskünfte enthalten. Die Banken holen über die Akzeptanten bzw. die Vormänner der eingereichten und gutgeschriebenen Wechsel, sofern es sich um Beträge von einiger Bedeutung handelt, Auskünfte ein. Die Kosten hierfür gehen zu Lasten des Kunden. Auch sonstige kleine Auslagen sind in die Spesen beim Abschluß mit einbegriffen.

Besprechung der einzelnen Auszüge.

Nr. 1. Der Auszug stellt eine gebührenfreie Rechnung dar. Auf Scheckkonten können nur Barumsätze getätigt werden. Zu denselben zählen auch Überweisungen und Schecks. Es ist infolgedessen zulässig, zu Lasten eines derartigen Kontos Schecks auszuschreiben, Überweisungen zu beauftragen, sowie Schecks zur Gutschrift einzureichen und Überweisungen auf dasselbe ausführen zu lassen. Dagegen ist es nicht angängig, andere Umsätze über provisionsfreie Scheckkonten zu leiten. Wechsel können zur Gutschrift nicht bestimmt werden. Geschieht es im Ausnahmefalle, so werden sie unter Abzug von Diskont und Provision abgerechnet. Auch ist es untunlich, bei der Bank zahlbar gestellte Akzepte zu Lasten der Scheckrechnung einzulösen. Das Konto muß stets ein entsprechendes Guthaben aufweisen. Die Inanspruchnahme von Vorschuß ist nicht gestattet.

Die Verzinsung ist in der Regel nur eine geringe, da das Scheckguthaben zur täglichen Verfügung des Kontoinhabers zu halten ist, und da die Bank in Ermangelung einer Provision die Entschädigung für ihre Arbeitsleistung im Zinsengewinne suchen muß. In unserm Auszuge erfolgt die Zinsvergütung mit $2^1/_2$ %. Das Konto ist abgeschlossen nach der progressiven Methode. Die 169 roten Habenzahlen sind schwarz ins Soll zu übertragen. Da ständiges Guthaben vorhanden ist, erscheint der Zinszahlenüberschuß und somit auch das Zinsergebnis auf der Habenseite.

Um das Konto auszugleichen, wird der Saldo ins Soll gesetzt. Ebenso der Saldo der schwarzen sowohl als auch der roten Zinszahlen. Die Additionen ergeben im Soll und im Haben in der Zinszahlenspalte schwarz 305460, rot 169 und in der Betragsspalte ℳ 192768,52. Bei richtiger Rechnung müssen die Spalten auf beiden Seiten die gleichen Endsummen aufweisen. Der Saldo von ℳ 50856,45 Wert 30. Juni ist in neuer Rechnung im Haben vorzutragen.

Nr. 2. Hier haben wir ein provisionspflichtiges Konto vor uns. Über gebührenpflichtige Rechnung können alle bankgeschäftlichen Umsätze getätigt werden. Die Zinsberechnung erfolgt in unserem Beispiel zu $3^1/_2$ %. Abgeschlossen ist das Konto nach der retrograden Methode. Am 31. Dezember ist ein Guthaben vorhanden. Infolgedessen werden die Zinszahlen aus dem Kapitalsaldo ins Soll gesetzt. Man schreibt den Markbetrag vor die Linie, also in die Textspalte. Als Verfall ist der Abschlußtag, hier der 31. Dezember, anzusehen. Die roten Sollzahlen werden schwarz ins Haben übertragen. Die Sollseite ergibt die größere Zinszahlensumme: 18153 gegen 11194 im Haben. Die Zinsen sind daher ins Haben zu setzen. Der Ausgleich der Zinszahlen wird mit 6959 gleichzeitig in die Habenzinszahlenspalte geschrieben. Der Ausgleich der roten Zahlen muß im Haben besonders aufgeführt werden.

Die Provision wird mit $^1/_4$ % vom Umsatz berechnet. Die Habenseite ist mit ℳ 15580,25 die größere. Als frei ist der Saldovortrag vom 1. Juli mit ℳ 5637,80 abzuziehen. Es bleibt also ein provisionspflichtiger Umsatz von ℳ 9942,45, aus dem $^1/_4$ % in Ansatz zu bringen ist. Die Abschlußzahlen scheiden bei der Provisionsberechnung stets aus. Die gutgeschriebenen ℳ 67,65 für Zinsen bleiben also unberücksichtigt. Es kommen nur die reinen Umsatzziffern in Frage. Der Saldo wird zum Ausgleich ins Soll gestellt und Wert 31. Dezember im Haben in neuer Rechnung vorgetragen. Die Zinszahlenspalten sowie die Betragsspalten ergeben im Soll und Haben die gleichen Endsummen.

Nr. 3. Der Auszug Nr. 3 gibt uns ein *Bild von einer gebührenpflichtigen Rechnung mit wechselndem Saldo und mit Avalumsätzen.* Aus der Zinsberechnung scheiden die Avalposten aus. Da die Avalsummen in die Additionen mit einbegriffen sind, weist der so gezogene Saldo nicht den Barsaldo auf, sondern den einschließlich der Avale. Um den Barsaldo festzustellen, muß man zunächst die Avale ausgleichen, indem man sie auf die entgegengesetzte Seite, also auf die Habenseite, überträgt. In unserem Auszuge erscheint daher unter dem 31. Dezember der Avalvortrag mit ℳ 10000,— im Haben, und zwar wird derselbe wie alle Avalposten rot geschrieben.

Die Zinsberechnung erfolgt mit Hilfe der Staffel, denn in Fällen, in denen abwechselnd Guthaben unterhalten und Vorschuß in Anspruch genommen wird, läßt sich nur an Hand der Staffel ein genaues Zinsergebnis erzielen*). Auf dem Konto sind im Soll 6 % zu zahlen, während im Haben $3^1/_2$ % vergütet werden.

*) Man kann derartige Konten, sofern die Posten wenigstens ungefähr der Reihe nach verfallen, auch nach der progressiven und retrograden Methode periodenweise abschließen. Solche Abschlüsse sind jedoch umständlich und auch wenig gebräuchlich. Es dürfte sich daher für uns erübrigen, sie zu besprechen. Auf Anfragen wird jede Bank bereit sein, den gewünschten Aufschluß zu geben.

Würden derartige Konten nach der progressiven oder retrograden Methode durchgerechnet, so würde, sofern Zinsen zu belasten sind, die Bank das zeitweilige Guthaben mit 6 % verzinsen, da die Habenzahlen gegen die Sollzahlen aufgerechnet werden, während dagegen bei Gutschrift von Zinsen dem Kunden der vorübergehende Vorschuß zu $3^1/_2$ % zur Verfügung gestellt würde.

Das gegeneinander Aufrechnen der Zinszahlen bei der progressiven und der retrograden Methode erfolgt mit Recht, denn ein Konto mit einem Sollsaldo von ℳ 100000,— behält durch eine Einzahlung von ℳ 30000,— nicht eine Schuld von ℳ 100000,— und bekommt ein Guthaben von ℳ 30000,—, sondern der Sollsaldo verringert sich um diese ℳ 30000,— auf ℳ 70000,—; umgekehrt erhält ein Konto mit ℳ 60000,— Guthaben durch eine Abhebung von ℳ 10000,— keinen Vorschuß von ℳ 10000,—, während das Guthaben von ℳ 60000,— bestehenbleibt, es ermäßigt sich vielmehr das Guthaben um diese ℳ 10000,— auf ℳ 50000,—. Die Zinszahlen werden wohl von den einzelnen Posten im Soll und Haben gerechnet, aber die Sollzinszahlen sind mit den Habenzinszahlen gleichwertig, denn im ersten Beispiel kann der Kontoinhaber für die ℳ 100000,— keine 6 % zahlen, während ihm für seine Rückzahlung von ℳ 30000,— $3^1/_2$ % gutgeschrieben werden. Ebenso kann ihm im zweiten Falle sein Guthaben von ℳ 60000,— nicht mit $3^1/_2$ % verzinst und ihm für die Abhebung von ℳ 10000,— 6 % berechnet werden. Die Aufrechnung der Zinszahlen gegeneinander erfolgt somit mit vollem Recht. Anders steht die Sache, wenn der Saldo wechselt, denn dann wird der Kunde zeitweilig schuldig bzw. er bekommt Guthaben. Hier sind die Zinszahlen nicht mehr gleichwertig, sie müssen deshalb getrennt behandelt werden. Diesem Zwecke dient die Staffel.

Von den eingereichten Wechseln ist einer zurückgezogen und dem Konto unter dem 21. Dezember mit ℳ 1930,75 Wert 25. Januar zurückbelastet. Die nach dem 31. Dezember verfallenden Posten ergeben rote Zahlen. Das Konto weist am 31. Dezember ein verfallenes Guthaben von ℳ 3170,04 und unter Berücksichtigung der noch nicht verfallenen Posten ein Gesamtguthaben von ℳ 6143,36 auf. Da ein Habensaldo vorhanden ist, können die später verfallenden Wechsel in der Annahme, daß der Kunde nicht vorzeitig in Vorschuß gerät, nicht zu 6 $^0/_0$ diskontiert werden. Die roten 982 Habenzahlen sind daher von den schwarzen Habenzahlen abzuziehen, während die roten Sollzahlen schwarz ins Haben übertragen werden müssen. Aus 949 Sollzahlen werden sodann 6 $^0/_0$ = ℳ 15,80, und aus 3429 Habenzahlen $3^1/_2$ $^0/_0$ = ℳ 33,30 Zinsen ausgerechnet und ins Soll bzw. Haben geschrieben. Die Eintragung erfolgt unter der Bezeichnung „Zinsen laut Staffel". Die Zinszahlenspalten bleiben unausgefüllt.

Für die Avale ist eine besondere Provision zu zahlen. Sie scheiden daher vorläufig aus der Provisionsberechnung aus. Letztere erfolgt vom Umsatze. Die Habenseite ist mit ℳ 24364,61 (ℳ 28364,61 ·/. ℳ 4000,— Avale) die größere. Der Saldovortrag von ℳ 260,80 wird abgezogen. Als provisionspflichtiger Umsatz verbleiben alsdann ℳ 24103,81.

Von den Avalen ist $^1/_4$ $^0/_0$ für das Vierteljahr zu belasten. Im 3. Vierteljahr laufen zunächst ℳ 8000,— Vortrag. Die am 14. August zurückgebuchten ℳ 4000,— sind für dieses Vierteljahr noch provisionspflichtig. Außerdem ist am 10. September ein weiterer Posten von ℳ 6000,— hinzugekommen, so daß im 3. Vierteljahr von ℳ 14000,— Provision zu berechnen ist. Im letzten Vierteljahr kommen ℳ 14000,— ·/. ℳ 4000,— = ℳ 10000,— in Frage.

Der Barsaldo erscheint mit ℳ 6034,45 zum Ausgleich im Soll und wird neu im Haben Wert 31. Dezember vorgetragen, während der Avalvortrag von ℳ 10000,— rot im Soll erfolgt.

Nr. 4. Dieser Auszug zeigt uns ebenfalls einen Abschluß nach der Staffelmethode. Der Einfachheit wegen ist nur der eigentliche Abschluß aufgeführt, während die Umsatzposten fortgelassen sind. Das Barguthaben beträgt am 30. Juni ℳ 3450,60. Das Gesamtguthaben unter Hinzuziehung der nicht verfallenen Wechsel stellt sich auf ℳ 12640,65. Der größte Teil des Gesamtguthabens besteht daher aus unverfallenen Posten. Da nun noch nicht feststeht, wie sich das Konto weiter entwickelt, man vor allen Dingen im voraus nicht weiß, ob der Kunde Guthaben behält oder Vorschuß in Anspruch nehmen wird, kann die Diskontierung der nicht verfallenen Posten nicht gut erfolgen. Diskontiert man sie zu $3^1/_2$ $^0/_0$, indem man die entstandenen roten Habenzahlen von den schwarzen absetzt und die roten

Sollzahlen schwarz ins Haben überträgt, so ist die Bank im Nachteile, sofern der Kunde in Vorschuß gerät, da Banken Wechsel, deren Gegenwert erhoben wird, nicht zu solch niedrigen Sätzen ankaufen. Erfolgt die Diskontierung zu 6 % durch Absetzung der roten Sollzahlen von den schwarzen Sollzahlen und Übertragung der roten Habenzahlen schwarz ins Soll, so wird der Kunde hiermit nicht einverstanden sein, falls er nicht vor hat, über sein unverfallenes Guthaben zu verfügen.

In solchen Zweifelsfällen scheidet man die Wechsel aus der Zinsberechnung aus, d. h. man trägt sie Wert Verfall auf neue Rechnung vor. Um nun den verfallenen Saldo per 30. Juni feststellen zu können, muß die Übertragung der nicht verfallenen Sollposten ins Haben und der Habenposten ins Soll mit Wertstellung erfolgen. Infolgedessen erscheinen in unserm Auszuge zunächst unterm 30. Juni im Soll:

An Wechsel-Vorträge	Wert	Juli	5.	ℳ 5670,95
„ „ „	„	„	25.	„ 4763,75
„ „ „	„	Aug.	12.	„ 1430,70

im Haben:

An Rückwechsel-Vortrag Wert Aug. 1. ℳ 2675,35.

Auf neue Rechnung werden im Haben der Barsaldo von ℳ 3449,10 Wert 30. Juni und die 3 Wechselposten mit den entsprechenden Valuten, im Soll der Rückwechselposten mit der zugehörigen Valuta vorgetragen. Verfügt nun der Kunde vor Verfall über sein unverfallenes Guthaben, so zahlt er für den in Anspruch genommenen Vorschuß beim nächsten Abschluß 6 % Zinsen; läßt er die Wechsel dagegen verfallen, so bringen sie ihm nach Verfall $3^1/_2$ % Zinsen.

Nr. 5. Der Auszug Nr. 5 umfaßt ein Konto, das mit einem Sollsaldo beginnt und mit einem Habensaldo endet. Infolgedessen hätte die Zinsberechnung streng genommen nach der Staffelmethode stattfinden müssen. Da das eigentliche Guthaben aber erst am 12. Dezember entstanden und auch im Verhältnis zum Konto ziemlich unbedeutend ist, ist von der Staffelung Abstand genommen. Man wendet die Staffel in der Regel nur an, wenn der dadurch erzielte Zinsgewinn die Arbeitsleistung rechtfertigt. Die Zinsberechnung ist nach der retrograden Methode geschehen. Die nach dem 31. Dezember verfallenden Habenposten sind vorgetragen worden; Zinszahlen werden in diesem Falle von denselben nicht gerechnet. Falls sie gerechnet sind, müssen sie mit auf die andere Seite übertragen werden, damit sie sich wieder ausgleichen. Der nach dem 31. Dezember verfallene Sollposten ist mit Rücksicht auf die kurze Zeit, die er später verfällt, und die Geringfügigkeit des Betrages durchgerechnet worden. Man kann die nach dem Abschlußtage verfallenden Posten zum Teil in die Zinsberechnung einbeziehen und zum Teil vortragen.

Die Provision ist vom dreifachen Höchstvorschuß berechnet, der am 5. Oktober mit *M* 64389,04 in Anspruch genommen ist. Siehe auch „Die Provisionsberechnung" (Seite 28).

Aus einem Konto den Höchstvorschuß festzustellen, dürfte an und für sich wohl eine umständliche Sache sein. Die Banken verfügen jedoch über allerlei Hilfsmittel. So wird außer dem Kontokorrent in den meisten Fällen noch ein sogenanntes Saldenbuch geführt, in das der Saldo eines jeden Kunden jeden Tag eingetragen wird. Derartige Bücher dienen in erster Linie der Überwachung der Konten. Beim Kontoabschluß ist das Saldenbuch dann die beste Hilfe zur Feststellung der Höchstsalden, sowie überhaupt der Salden für bestimmte Tage.

Nr. 6. Hier haben wir es mit einem umfangreichen Vorschußkonto zu tun. Ein Teil des Vorschusses besteht aus Akzepten. Viele Kunden lassen sich von ihrer Bank Akzepte geben, um sich auf Grund derselben billiges Geld zu verschaffen. Für den Vorschuß in laufender Rechnung ist in der Regel der Lombardsatz der Reichsbank zu zahlen, während man Bankakzepte zum sogenannten Privatdiskont, der meistens erheblich niedriger als der Reichsbankdiskontsatz ist, diskontieren kann. Von dem erzielten Zinsgewinn gehen allerdings die Provision und der Wechselstempel ab. Die Belastung der Akzepte erfolgt meistens einen Werktag vor Verfall, so daß man noch mit einem Tage Zinsverlust zu rechnen hat.

Die Zinsen sind nach der retrograden Methode berechnet. Die nach dem Abschlußtage verfallenden Akzepte scheiden aus der Zinsberechnung aus; sie werden Wert Verfall auf neue Rechnung vorgetragen. Da das Konto außerdem noch ein Aval von *M* 30000,— aufweist, so ist auch dieses vor Ziehung des Kapitalsaldos auf die andere Seite zu übertragen. Man beachte überhaupt, daß alle Vorträge außer dem reinen Barsaldo vor Feststellung des Kapitalsaldos auf die entgegengesetzte Seite zu setzen sind.

Von den Akzepten ist $^1/_3$ $^0/_0$ Provision zu zahlen. Es kommen nur die im Laufe des Halbjahres neu belasteten in Betracht. Die Vorträge von 2 mal ℳ 50000,— sind frei, da von denselben beim vorigen Abschlusse Provision bereits belastet worden ist. In der Zeit vom 1. Januar bis 30. Juni sind neu insgesamt ℳ 200000,— gegeben. Von denen ist also $^1/_3$ $^0/_0$ in Ansatz zu bringen.

Die Kontoprovision wird vom Umsatz berechnet. In Frage kommt die Sollseite. Es scheiden aus der Saldovortrag von ℳ 120137,40, die Akzeptvorträge von ℳ 100000,—, der Avalvortrag von ℳ 30000,—, die ℳ 200000,— Akzepte, von denen Provision bereits gerechnet worden ist, und der provisionsfreie Posten von ℳ 3263,20 vom 19. Febr. Es bleibt also noch ein provisionspflichtiger Umsatz von ℳ 210507,15, aus dem $^1/_4$ $^0/_0$ zur Belastung kommt. Der Umsatz erreicht zwar nicht den dreifachen Höchstvorschuß, aber um ein passendes Beispiel für Umsatzprovision von einem Konto mit Akzepten und Avalen zu haben, ist die Provision dennoch aus dem Umsatze gerechnet worden. Würde die Berechnung aus dem dreifachen Höchstvorschuß erfolgen, so dürften bei Feststellung desselben Akzepte und Avale nicht mit einbezogen werden. Der Höchstvorschuß beträgt am 13. März ℳ 403751,58. Abzuziehen sind ℳ 200000,— Akzepte und ℳ 30000,— Avale, so daß die Provision mit $^1/_4$ $^0/_0$ von 3 mal ℳ 173751,58 zu belasten sein würde.

Vom Aval, das unverändert durchs ganze Halbjahr läuft, ist $^1/_4$ $^0/_0$ Provision fürs Vierteljahr oder $^1/_2$ $^0/_0$ fürs Halbjahr mit ℳ 150,— in Ansatz zu bringen.

Nr. 7. In diesem Auszuge finden wir ein Konto, auf dem durchweg Effektenumsätze getätigt werden und auf dem zur Ausführung von Effektengeschäften ein Vorschuß in Anspruch genommen wird, der durch Wertpapiere gedeckt ist. Man nennt solche Konten gewöhnlich Lombardkonten.

Die Zinsberechnung ist nach der progressiven Methode erfolgt. Bei den Lombardkonten kommen außer den laufenden Sollzinsen entsprechend den Lombardbedingungen der Reichsbank von dem Vorschusse am Vierteljahrsende je 10 Tage zum

Lombardsatze zur Belastung *). Der Vorschuß am 30. September beträgt ℳ 48753,55 und der am 31. Dezember ℳ 48971,65. Von diesen beiden Beträgen sind für je 10 Tage Sollzinsen einzusetzen.

Die Provisionsberechnung geschieht bei Lombardkonten meistens vom Höchstvorschuß im Vierteljahr oder im Monat. In unserem Auszuge ist die Provision vom Höchstvorschuß im Vierteljahr zu zahlen. Im dritten Vierteljahr stellte sich der Höchstvorschuß am 18. September auf ℳ 61483,15 und im letzten am 28. November auf ℳ 50871,65. $^1/_4$ $^0/_0$ Provision von diesen beiden Beträgen ergibt ℳ 280,90.

Da in dem Auszuge Nr. 7 Effektenumsätze eingesetzt sind, so sei hier eine kurze Erklärung über Effektenabrechnungen beigefügt, und zwar für festverzinsliche Werte und für Aktien. Festverzinsliche Werte sind solche, für die im voraus ein bestimmter Zinsfuß festgesetzt ist. Bei Aktien dagegen ist die Höhe der Dividende von Jahr zu Jahr nach dem Gewinnergebnis zu bestimmen. Der An- und Verkauf der Wertpapiere erfolgt in der Regel an den Effektenbörsen, und nur soweit es sich um Werte handelt, die nicht an diesen eingeführt sind, im freien Verkehr. *Über jedes Effektengeschäft ist eine Schlußnote auszustellen und mit dem erforderlichen Reichsstempel zu versteuern.* Die Stempelabgabe ist für die einzelnen Wertpapiergattungen verschieden. Den gesamten Stempeltarif aufzuführen, geht über den Rahmen dieses Büchleins hinaus. Außer den Stempelabgaben entstehen bei Geschäften, die an den Börsen ausgeführt werden, an Unkosten noch die sogenannte Courtage, das ist die Gebühr, die dem Börsenmakler für seine Tätigkeit zusteht, die Provision für die ausführende Bank und die Telegramm- und Portokosten.

Bei Börsengeschäften tritt die Bank als Vermittler zwischen ihrem Kunden und einem anderen auf, infolgedessen muß sie

*) Solange die während des Krieges gegründete Darlehnskasse bestehen bleibt, werden bei der Reichsbank kaum Lombardierungen vorgenommen werden, da die Bedingungen der Darlehnskasse günstiger sind. Neben einem niedrigeren Zinssatze fallen auch die Quartalszuschläge fort. Die Banken sind natürlich vielfach gezwungen, sich bei ihren Lombardgeschäften den billigeren Darlehnskassensätzen anzupassen.

auch die Papiere zu den festgesetzten Kursen weiterberechnen. Bei Eigengeschäften, d. h. bei Geschäften in solchen Werten, die an den Börsen nicht eingeführt sind, ist sie dagegen selbst Käufer bzw. Verkäufer. Ihren Verdienst sucht sie in diesem Falle durch Auf- bzw. Abschlag auf den Kurs. Außer den Stempelabgaben, die bei Eigengeschäften in der Regel von Käufer und Verkäufer je zur Hälfte getragen werden, werden hier weitere Gebühren nicht berechnet.

Bei festverzinslichen Werten sind außerdem bei der Abrechnung die Stückzinsen zu berücksichtigen. Die Stücke sind meistens mit Halbjahreszinsscheinen versehen, und zwar umfassen diese jedesmal die Zinsen für das Halbjahr, das dem Fälligkeitstage des Zinsscheines vorausgeht. Kauft nun jemand am 15. Mai ein Papier mit Januar/Juli-Zinsscheinen, so wird ihm der Zinsschein per 1. Juli mitgeliefert. Dieser Zinsschein umfaßt die Zinsen vom 1. Januar bis 1. Juli. Würde der Zinsschein ohne besondere Berechnung auf den Käufer übergehen, so träte dieser in den Zinsgenuß für das betr. Papier für die Zeit vom 1. Januar bis 1. Juli, während er ihm nur für die Zeit vom 15. Mai bis 1. Juli zusteht. Die Zinsen für die Zeit vom 1. Januar bis 15. Mai gehören dem Verkäufer. Der Käufer muß demnach dem Verkäufer die Zinsen für die Zeit vom 1. Januar bis 15. Mai vergüten, und zwar wird der entsprechende Betrag gleich zu dem Kaufpreise zugerechnet. Eine Abrechnung für den Käufer stellt sich demnach wie folgt:

ℳ 10 000,— 5 % Deutsche Reichsanleihe zu 95 %		ℳ 9500,—
5 % Stückzinsen vom 1. Januar bis 15. Mai = 135 Tage		ℳ 187,50
		ℳ 9687,50
+ ½ ‰ Courtage (vom Nennwerte) .	ℳ 5,—	
1½ ‰ Provision (vom Nennwerte) .	ℳ 15,—	
Stempel (25 Pf. für je 1000,— ℳ Kurswert)	ℳ 2,50	
Telegramm- und Porto-Spesen . . .	ℳ 6,60	ℳ 29,10
Wert 15. Mai		ℳ 9716,60

Würde der Verkäufer den Zinsschein per 1. Juli zurückbehalten, so müßte er seinerseits dem Käufer die Zinsen für die Zeit vom 15. Mai bis 1. Juli vergüten. Die Berechnung stellte sich dann folgendermaßen:

ℳ 10 000,— 5 % Deutsche Reichsanleihe zu 95 %		ℳ 9500,—
·/· 5 % Stückzinsen vom 15. Mai bis 1. Juli = 45 Tage		ℳ 62,50
		ℳ 9437,50
+ $^1/_2$ ‰ Courtage	ℳ 5,—	
$1^1/_2$ ‰ Provision	ℳ 15,—	
Stempel	ℳ 2,50	
Telegramm- und Porto-Spesen .	ℳ 6,60	ℳ 29,10
Wert 15. Mai		ℳ 9466,60

Da man bei *Aktien* im voraus nicht weiß, welche Dividende verteilt wird, kann man sie auch nicht in der Weise, wie bei festverzinslichen Werten in die Berechnung einsetzen. Der Kurs der Aktien versteht sich immer einschließlich des laufenden Gewinnanteilscheins. Der Wert des Dividendenscheins am 1. Juli von einer Aktie mit Geschäftsjahr 1. Januar ist daher *in dem Kurse vom 1. Juli für diese Aktie mit einbegriffen.*

Nach den Börsengebräuchen erfolgt die Belastung des Gegenwertes von Wertpapieren bei Ankauf Wert Ankaufstag, während die Gutschrift bei Verkauf Wert Lieferungstag der Stücke, zuweilen auch einen Werktag nach deren Lieferung, geschieht. Die Stückzinsen werden jedoch bei Ankauf sowohl als auch bei Verkauf bis zu dem Tag des Geschäftsschlusses gerechnet.

Nr. 8. Da sich sowohl die der Bank zu zahlenden als auch die dem Kunden zu vergütenden Zinssätze meistens nach dem Diskontsatze der Reichsbank richten, so sind sie auch den Schwankungen desselben unterworfen. Hat man nach der progressiven oder retrograden Methode abzuschließen, so nimmt man im Falle der Änderung des Zinssatzes in der Regel den Durchschnittszinsfuß. Bei der Staffel dagegen rechnet man jede Periode für sich.

In unserm letzten Formular finden wir die Staffel zum Auszuge Nr. 3 nochmal, und zwar in der Annahme, daß der Reichsbankdiskontsatz am 11. August von 5 % auf $5^1/_2$ % gestiegen ist. Vom 11. August ab sind infolgedessen statt 6 % $6^1/_2$ % zu zahlen, während statt $3^1/_2$ % 4 % zu vergüten sind.

Der Habensaldo vom 5. August von ℳ 114,55 steht nun zunächst vom 5. August bis 11. August und ergibt für 6 Tage Habenzahlen. Am 11. August werden sodann die Sollzahlen sowohl als auch die Habenzahlen addiert und aus den Endsummen später 6 % bzw. $3^1/_2$ % Zinsen gerechnet. Um für die Zwischenaddition genügend Raum zu bekommen, überschlägt man eine Zeile. Der Habensaldo vom 5. August steht nun weiter vom 11. August bis 19. August und ergibt in der neuen Periode nochmal für 8 Tage 9 Habenzahlen. Auch die Zahlen dieses Abschnittes werden für sich addiert. Mit den roten Zahlen verfährt man in der bekannten Weise. Aus den Endsummen werden $6^1/_2$ % und 4 % Zinsen gerechnet, und die Soll- und Habenzinsen je in einer Summe ins Kontokorrent eingesetzt.

Auszug

Soll — Zinsen: $2^1/_2$ %; Berechnungsart:
Provision: keine.

1918		Verfall	Tage	Zahlen	Betrag
Jan. 5.	An Scheck 86 735	Dez. 27.	183	1 074	586,90
20.	„ Überweisung verschiedene.	Jan. 20.	160	41 010	25 630,80
Febr. 7.	„ Scheck 86 736	Febr. 6.	144	22 503	15 627,30
19.	„ Überweisung Reichsbank.	19.	131	26 200	20 000,00
März 2.	„ Scheck 86 737	28.	122	1 920	1 573,90
8.	„ „ 8	März 5.	115	1 106	962,30
April 15.	„ „ 9	April 12.	78	2 954	3 786,90
21.	„ Überweisung Postscheckkonto	21.	69	3 795	5 500,00
Mai 9.	„ Überweisung S. Wagner	Mai 9.	51	969	1 900,00
30.	„ „ verschiedene	30.	30	10 701	35 670,25
Juni 3.	„ Scheck 86 740	Juni 1.	29	7 250	25 000,00
25.	„ Überweisung J. Stern.	25.	5	284	5 670,10
				119 766	141 908,45
30.	„ rote Haben-Zahlen . .			169	
	„ Porto und Spesen . .				3,62
	„ Saldo			185 525	50 856,45
				169	
				305 460	192 768,52
				169	

Auszug

Soll — Zinsen: $3^1/_2$ %; Berechnungsart:
Provision: $^1/_4$ % vom Umsatze.

1918		Verfall	Tage	Zahlen	Betrag
Juli 5.	An Scheck 37 670	Juni 28.	2	**11**	530,90
Aug. 7.	„ Überweisung S. Schulte	Aug. 7.	37	875	2 365,70
Sept. 12.	„ Scheck 37 671	Sept. 8.	68	630	926,80
Okt. 13.	„ Tratte P. Hinze . . .	Okt. 13.	103	5 954	5 780,60
Dez. 20.	„ Rückwechsel M/Z. . .	Dez. 15.	165	703	425,75
				8 162	10 029,75
31.	„ Kap. Saldo ℳ 5550,50.	31.	180	9 991	
	„ $^1/_4$ % Provision von ℳ 9942,45				24,85
	„ Porto und Spesen . .				3,20
	„ Saldo				5 590,10
				18 153	15 647,90
				11	

Die fetten Ziffern in den Formularen stellen rote Zahlen dar.

Nr. 1.

progressive Methode.

Haben

1918		Verfall	Tage	Zahlen	Betrag
Jan. 1.	Per Saldo-Vortrag	Dez. 31.	180	227 822	126 567,80
9.	„ Überweisung Reichsbank	Jan. 9.	171	51 300	30 000,00
Febr. 12.	„ Schecks	Febr. 15.	135	10 707	7 930,80
März 19.	„ Überweisung Postscheckkonto	März 20.	100	10 000	10 000,00
25.	„ Überweisung verschiedene	25.	95	2 594	2 730,60
April 6.	„ Überweisung L. Esser	April 6.	84	824	980,75
Mai 27.	„ Schecks	Juni 1.	29	2 213	7 630,97
Juni 29.	„ „	Juli 3.	3	**169**	5 639,25
					191 480,17
30.	„ $2^1/_2$ % Zinsen a/185 525 Zahlen				1 288,35
				305 460	192 768,52
				169	
1918 Juli 1.	Per Saldo-Vortrag	Juni 30.			50 856,45

Nr. 2.

retrograde Methode.

Haben

1918		Verfall	Tage	Zahlen	Betrag
Juli 1.	Per Saldo-Vortrag	Juni 30.			5 637,80
29.	„ Wechsel	Aug. 26.	56	818	1 460,30
Aug. 5.	„ Überweisung S. Hirsch	5.	35	675	1 930,25
Sept. 12.	„ Schecks	Sept. 15.	75	1 778	2 370,90
Okt. 30.	„ Wechsel	Jan. 5.	185	2 886	1 560,10
Nov. 16.	„ Überweisung F. Mann	Nov. 16.	136	1 280	940,70
Dez. 13.	„ Wechsel	Febr. 13.	223	3 746	1 680,20
				11 183	15 580,25
	„ rote Soll-Zahlen . . .			11	
				11 194	
	„ $3^1/_2$ % Zinsen			6 959	67,65
	„ Saldo der roten Zahlen			**11**	
				18 153	15 647,90
				11	
1919 Jan. 1.	Per Saldo-Vortrag	Dez. 31.			5 590,10

Die fetten Ziffern in den Formularen stellen rote Zahlen dar.

Auszug

Zinsen: Soll: 6%, Haben: $3\frac{1}{2}$%;

Soll

Provision: $\frac{1}{4}$% vom Umsatze und

1918		Verfall	Tage	Zahlen	Betrag
Juli 1.	An Aval-Vortrag				**8 000,00**
6.	„ Scheck 35761	Juni 25.			137,80
9.	„ „ 2	29.			530,70
15.	„ Überweisung verschiedene	Juli 15.			3798,35
Aug. 5.	„ Tratte Kuhlmann . .	Aug. 5.			730,80
19.	„ Überweisung verschiedene	19.			5630,80
Sept. 10.	„ Aval Stadtverwaltung Münster				**6 000,00**
11.	„ Scheck 35763	Sept. 5.			960,35
Okt. 3.	„ Tratte H. Müller . . .	Okt. 2.			1982,40
27.	„ Scheck 35764	23.			440,80
Nov. 8.	„ Überweisung verschiedene	Nov. 8.			1537,70
Dez. 12.	„ Scheck 35765	Dez. 6.			540,80
21.	„ Rückwechsel a/Wunsch	Jan. 25.			1930,75
31.	„ Zinsen lt. Staffel . . .				15,80
	„ $\frac{1}{4}$% Provision von ℳ 24103,81				60,30
	„ $\frac{1}{4}$% Provision von ℳ 14000,— Aval, III. Vierteljahr . . .				35,00
	„ $\frac{1}{4}$% Provision von ℳ 10000,— Aval, IV. Vierteljahr . . .				25,00
	„ Porto und Spesen . .				6,11
	„ Saldo				6034,45
					38397,91
1919					
Jan. 1.	An Aval-Vortrag				**10 000,00**

Die fetten Ziffern in den Formularen stellen rote Zahlen dar.

Nr. 3.

Berechnungsart: Staffel.

1/4 % vom Aval fürs Vierteljahr.

Haben

1918		Verfall	Tage	Zahlen	Betrag
Juli 1.	Per Saldo-Vortrag	Juni 30.			260,80
5.	„ Überweisung H. Müller	Juli 5.			1 320,60
25.	„ Schecks	29.			3 730,80
Aug. 11.	„ Wechsel	Sept. 30.			2 730,80
14.	„ Aval Eisenbahn Elberfeld				**4 000,00**
28.	„ Überweisung verschiedene	Aug. 28.			5 639,25
Sept. 7.	„ Überweisung verschiedene	Sept. 7.			3 760,70
Okt. 1.	„ Wechsel	Dez. 6.			587,39
29.	„ Schecks	Nov. 2.			1 430,20
Nov. 16.	„ Wechsel	Jan. 3.			2 763,80
Dez. 11.	„ „	Febr. 12.			2 140,27
					28 364,61
31.	„ Aval-Vortrag				**10 000,00**
	„ Zinsen lt. Staffel . .				33,30
					38 397,91
1919					
Jan. 1.	Per Saldo-Vortrag	Dez. 31.			6 034,45

Die fetten Ziffern in den Formularen stellen rote Zahlen dar.

Zinsstaffel zum Auszuge Nr. 3.

1918	Soll od. Haben	Betrag	Tage	Zinszahlen Soll	Zinszahlen Haben
Juni 25.	S.	137,80	4	5	
29.	S.	530,70			
	S.	668,50	1	7	
30.	H.	260,80			
	S.	407,70	5	20	
Juli 5.	H.	1320,60			
	H.	912,90	10		91
15.	S.	3798,35			
	S.	2885,45	14	404	
29.	H.	3730,80			
	H.	845,35	6		51
Aug. 5.	S.	730,80			
	H.	114,55	14		16
19.	S.	5630,80			
	S.	5516,25	9	496	
28.	H.	5639,25			
	H.	123,00	7		8
Sept. 5.	S.	960,35			
	S.	837,35	2	17	
7.	H.	3760,70			
	H.	2923,35	23		672
30.	H.	2730,80			
	H.	5654,15	2		113
Okt. 2.	S.	1982,40			
	H.	3671,75	21		771
23.	S.	440,80			
	H.	3230,95	9		291
Nov. 2.	H.	1430,20			
	H.	4661,15	6		280
8.	S.	1537,70			
	H.	3123,45	28		874
Dez. 6.	H.	46,59			
	H.	3170,04	24		761
			185		
Jan. 3.	H.	2763,80	**3**		**83**
	H.	5933,84			
25.	S.	1930,75	**25**	**483**	
	H.	4003,09			
Febr. 12.	H.	2140,27	**42**		**899**
		6143,36		949	3928
				483	·/. **982**
					2946
					+ 483
				949	3429

Soll: 6 % a/ 949 Zahlen ℳ 15,80
Haben: 3½ % a/ 3429 „ ℳ 33,30

Die fetten Ziffern in den Formularen stellen rote Zahlen dar.

Zinsstaffel zum Auszuge Nr. 4.

1918		Soll od. Haben	Betrag	Tage	Zinszahlen	
					Soll	Haben
Juni	30.	H.	3450,60		35 673	127 490
Juli	5.	H.	5670,95			
		H.	9 121,55			
	25.	H.	4 763,75	Vorträge.		
		H.	13 885,30			
Aug.	1.	S.	2 675,35			
		H.	11 209,95			
	12.	H.	1 430,70			
		H.	12 640,65		35 673	127 490

Soll: 6 % a/ 35 673 Zahlen ℳ 594,55

Haben: $3^1/_2$ % a/ 127 490 „ ℳ 1239,50

Auszug

Soll Zinsen: Soll: 6%, Haben: $3^1/_2$%; Berechnungsart:
Provision: $^1/_4$% vom Umsatze.

		Verfall	Tage	Zahlen	Betrag
1918					
	An Addition				260483,98
Juni 30.	„ Wechsel-Vortrag . . .	Juli 5.			5670,95
	„ „ „ . . .	25.			4763,75
	„ „ „ . . .	Aug. 12.			1430,70
	„ Zinsen lt. Staffel . . .				594,55
	„ $^1/_4$% Provision von ℳ 251635,98				629,10
	„ Porto und Spesen . .				17,35
	„ Saldo				3449,10
					277039,48
1918					
Juli 1.	An Rückwechsel-Vortrag .	Aug. 1.			2675,35

Auszug

Soll Zinsen: 6%; Berechnungsart: retrograde Methode;
Provision: $^1/_4$% vom dreifachen Höchstvorschuß

		Verfall	Tage	Zahlen	Betrag
1918					
Juli 1.	An Saldo-Vortrag	Juni 30.			62735,80
2.	„ Scheck 67382	25.	**5**	**18**	367,50
5.	„ „ 3	28.	**2**	**12**	587,39
15.	„ Tratte H. Müller . . .	Juli 15.	15	104	690,50
Aug. 9.	„ Überweisung verschied.	Aug. 9.	39	515	1320,15
21.	„ Scheck 67384	16.	46	240	521,30
Sept. 10.	„ Tratte P. Schultz . . .	Sept. 10.	70	344	490,75
28.	„ Überweisung verschied.	28.	88	1374	1560,90
Okt. 5.	„ Überweisung S. Meier .	Okt. 5.	95	3287	3460,32
Nov. 1.	„ Scheck 67385	27.	117	1149	982,40
13.	„ Rückwechsel a/Wunsch	Jan. 5.	185	1350	729,50
Dez. 7.	„ Überweisung verschied.	Dez 7.	157	3909	2490,10
23.	„ Rückwechsel M/Z. . .	18.	168	773	frc. 460,35
31.	„ Wechsel-Vortrag . . .	Jan. 25.			1326,15
	„ „ „ . . .	Febr. 3.			1930,18
					79653,29
	„ Kap.-Saldo ℳ 6096,21 .	Dez. 31.	180	10973	
	„ 6% Zinsen			100224	1670,40
	„ $^1/_4$% Provision von 3 × ℳ 64389,04 (5.10.)				482,95
	„ Porto und Spesen . .				7,26
	„ Saldo				3935,60
				124242	85749,50
				30	

Die fetten Ziffern in den Formularen stellen rote Zahlen dar.

Nr. 4.

Staffel; Vortrag der nach dem Abschlußtage verfallenden Posten.

Haben

		Verfall	Tage	Zahlen	Betrag
1918					
Juni 30.	Per Addition				273 124,63
	„ Rückwechsel-Vortrag .	Aug. 1.			2 675,35
	„ Zinsen lt. Staffel . .				1 239,50
					277 039,48
1918					
Juli 1.	Per Saldo-Vortrag	Juni 30.			3 449,10
	„ Wechsel- „	Juli 5.			5 670,95
	„ „ „	25.			4 763,75
	„ „ „	Aug. 12.			1 430,70

Nr. 5.

Vortrag der nach dem Abschlußtage verfallenden Posten. im Halbjahre.

Haben

		Verfall	Tage	Zahlen	Betrag
1918					
Juli 2.	Per Schecks	Juli 6.	6	94	1 560,80
15.	„ Überweisung verschied.	15.	15	207	1 382,90
Aug. 5.	„ Wechsel	Okt. 12.	102	2 009	1 970,12
19.	„ Überweisung Fr. Husemann	Aug. 19.	49	254	519,30
Sept. 11.	„ Schecks	Sept. 14.	74	1 415	1 912,45
Okt. 9.	„ Wechsel	Dez. 5.	155	2 218	1 430,85
18.	„ Überweisung verschied.	Okt. 18.	108	2 549	2 360,70
Nov. 25.	„ Scheck a/Frankfurt .	Nov. 28.	148	1 369	925,30
29.	„ Wechsel	Jan. 25.			1 326,15
Dez. 12.	„ Überweisung Hunke & Co.	Dez. 12.	162	114 097	70 430,75
29.	„ Wechsel	Febr. 3.			1 930,18
31.	„ rote Sollzahlen . . .			30	
	„ Saldo der roten Zahlen			**30**	
				124 242	85 749,50
				30	
1919					
Jan. 1.	Per Saldo-Vortrag	Dez. 31.			3 935,60
	„ Wechsel- „	Jan. 25.			1 326,15
	„ „ „	Febr. 3.			1 930,18

Die fetten Ziffern in den Formularen stellen rote Zahlen dar.

Auszug

Soll

Zinsen: 6 %; Berechnungsart:
Provision: 1/4 % vom Umsatze, 1/3 % von den

1918		Verfall	Tage	Zahlen	Betrag
Jan. 1.	An Saldo-Vortrag	Dez. 31.			120137,40
	„ Akzept- „	Jan. 25.	25	12500	50000,00
	„ „ „	März 13.	73	36500	50000,00
	„ Aval- „				**30 000,00**
5.	„ Scheck 37562	Jan. 5.	5	513	10250,00
11.	„ Überweisung verschiedene	11.	11	9941	90375,60
25.	„ Akzept O/Eigene . . .	April 25.	115	57500	50000,00
Febr. 4.	„ Scheck 37563	Febr. 1.	31	1786	5763,90
19.	„ Rückwechsel M/Z. . .	12.	42	1370	frc. 3263,20
März 1.	„ Überweisung Reichsbank	März 1.	61	18300	30000,00
12.	„ Überweisung verschiedene	12.	72	32897	45690,83
13.	„ Akzept O/Reichsbank .	Juni 13.	163	81500	50000,00
April 8.	„ Scheck 37564	April 4.	94	5445	5793,37
12.	„ Auskunftsspesen . . .	12.	102	2	2,50
25.	„ Akzept O/Bk. f. Handel u. Industrie	Juli 25.			*50000,00*
Mai 19.	„ Scheck 37565	Mai 19.	139	13900	10000,00
Juni 2.	„ Überweisung verschiedene	Juni 2.	152	19199	12630,95
13.	„ Akzept O/Eigene . . .	Sept. 13.			50000,00
30.	„ 6 % Zinsen			419578	6993,00
	„ 1/3 % Provision von ℳ 200000,— Akz. . .				666,70
	„ 1/4 % Provision von ℳ 210507,15 Umsatz .				526,30
	„ 1/4 % Provision von ℳ 30000,— Avale fürs Vierteljahr				150,00
	„ Porto und Spesen . .				12,25
				710931	672256,00
1918					
Juli 1.	An Saldo-Vortrag	Juni 30.			247504,20
	„ Akzept- „	Juli 25.			50000,00
	„ „ „	Sept. 13.			50000,00
	„ Aval- „				**30 000,00**

Die fetten Ziffern in den Formularen stellen rote Zahlen dar.

Nr. 6.

retrograde Methode; Vortrag der Akzepte.

Akzepten, 1/4 % vom Aval fürs Vierteljahr. Haben

1918		Verfall	Tage	Zahlen	Betrag
Jan. 5.	Per Überweisung verschiedene	Jan. 5.	5	1 282	25 630,80
12.	„ Schecks	15.	15	5 651	37 672,60
Febr. 2.	„ Wechsel	März 29.	89	11 335	12 735,65
13.	„ Überweisung Reichsbank	Febr. 13.	43	8 600	20 000,00
März 5.	„ Schecks	März 5.	65	3 698	5 690,30
28.	„ Überweisung Kriegsmetall	28.	88	75 443	85 730,85
April 7.	„ Postscheck-Überweisung	April 8.	98	8 820	9 000,00
Mai 11.	„ Wechsel	Juli 5.	185	29 199	15 783,45
Juni 1.	„ Überweisung verschiedene	Juni 1.	151	81 208	53 780,12
18.	„ Wechsel	Aug. 25.	205	26 099	12 730,90
29.	„ Schecks	Juli 2.	182	29 115	15 997,13
30.	„ Aval-Vortrag				**30 000,00**
	„ Akzept- „	Juli 25.			50 000,00
	„ „ „	Sept. 13.			50 000,00
	„ Kapital-Saldo ℳ 239 155,95	Juni 30.	180	430 481	
	„ Saldo				247 504,20
				710 931	672 256,00

Die fetten Ziffern in den Formularen stellen rote Zahlen dar.

Auszug

Zinsen: 6%; Berechnungsart: progressive Methode;
30. September und

Soll

Provision: ¼% vom Höchst-

		Verfall	Tage	Zahlen	Betrag
1918					
Juli 1.	An Saldo-Vortrag	Juni 30.	180	103276	57375,80
21.	„ Effekten	Juli 18.	162	41585	25670,25
Aug. 5.	„ „	Aug. 3.	147	15040	10230,90
Sept. 18.	„ „	Sept. 16.	104	16352	15722,50
Okt. 29.	„ „	Okt. 25.	65	15877	24425,90
Nov. 1.	„ „	28.	62	4948	7980,20
28.	„ „	Nov. 26.	34	4311	12679,45
Dez. 31.	„ 6% Zinsen a/82846 Zahlen . . .				1380,80
	„ 6% Zinsen von *M* 48753,55 für 10 Tg. (30. 9.)				
	„ 6% Zinsen von *M* 48971,65 für 10 Tg. (31. 12.) . . .				162,90
	„ ¼% Provision von *M* 61483,15, III. Vierteljahr (18. 9.)				
	„ ¼% Provision von *M* 50871,65, IV. Vierteljahr (28.11.)				280,90
	„ Porto und Spesen . .				2,80
				201389	155912,40
1919					
Jan. 1.	An Saldo-Vortrag	Dez. 31.			50799,05

Nr. 7.

Zuschlag 6% für je 10 Tage von den Salden am 31. Dezember.

vorschuß im Vierteljahr.

Haben

1918			Verfall	Tage	Zahlen	Betrag
Juli	15.	Per Effekten	Juli 12.	168	51618	30725,40
	30.	„ Gewinnanteilscheine	25.	155	2247	1450,00
Aug.	12.	„ Effekten	Aug. 10.	140	21477	15340,90
Sept.	19.	„ „	Sept. 15.	105	13366	12729,60
Okt.	5.	„ Gewinnanteilscheine	Okt. 1.	89	2314	2600,00
	25.	„ Effekten	23.	67	27046	40367,45
Dez.	10.	„ Gewinnanteilscheine	Dez. 5.	25	475	1900,00
	31.	„ Saldo			82846	50799,05
					201389	155912,40

Nr. 8. Zinsstaffel mit wechselndem Zinsfuſs.

1918		Soll od. Haben	Betrag	Tage	Zinszahlen Soll	Zinszahlen Haben
Juni	25.	S.	137,80	4	5	
	29.	S.	530,70			
		S.	668,50	1	7	
	30.	H.	260,80			
		S.	407,70	5	20	
Juli	5.	H.	1320,60			
		H.	912,90	10		91
	15.	S.	3798,35			
		S.	2885,45	14	404	
	29.	H.	3730,80			
		H.	845,35	6		51
Aug.	5.	S.	730,80			
	11.	H.	114,55	6		7
					436	149
	11.	H.	114,55	8		9
	19.	S.	5630,80			
		S.	5516,25	9	496	
	28.	H.	5639,25			
		H.	123,00	7		8
Sept.	5.	S.	960,35			
		S.	837,35	2	17	
	7.	H.	3760,70			
		H.	2923,35	23		672
	30.	H.	2730,80			
		H.	5654,15	2		113
Okt.	2.	S.	1982,40			
		H.	3671,75	21		771
	23.	S.	440,80			
		H.	3230,95	9		291
Nov.	2.	H.	1430,20			
		H.	4661,15	6		280
	8.	S.	1537,70			
		H.	3123,45	28		874
Dez.	6.	H.	46,59			
		H.	3170,04	24		761
				185		
Jan.	3.	H.	2763,80	**3**		**83**
		H.	5933,84			
	25.	S.	1930,75	**25**	**483**	
		H.	4003,09			
Febr.	12.	H.	2140,27	**42**		**899**
			6143,36		513	3779
					483	·/. **982**
						2797
						+ 483
					513	3280

6 % a/ 436 Zahlen		ℳ 7,30	
3½ % a/ 149	„		ℳ 1,45
6½ % a/ 513	„	ℳ 9,30	
4 % a/ 3280	„		ℳ 36,45
		ℳ 16,60	ℳ 37,90

Die fetten Ziffern in den Formularen stellen rote Zahlen dar.

Das Reichsbank-Girokonto.

Wenn das Postscheckkonto (s. S. 56) in erster Linie dem bargeldlosen Zahlungsverkehr im kleinen dient, so ist das Reichsbank-Girokonto vorzugsweise für größere Umsätze geeignet. Es kann nicht die Aufgabe dieser Abhandlung sein, den Verkehr mit der Reichsbank im einzelnen zu besprechen, da diejenigen Firmen und Personen, die ein Reichsbank-Girokonto unterhalten, nach dieser Seite hinreichend unterrichtet sein dürften und da anderseits von jeder Reichsbankanstalt kostenlos das Büchlein „Allgemeine Bestimmungen für den Geschäftsverkehr mit der Reichsbank" zu beziehen ist, das jeden gewünschten Aufschluß gibt. Nur auf einen Vorteil des Reichsbank-Girokontos, der auch den Nichtinhabern eines solchen zugute kommt, sei hier hingewiesen.

Ebenso wie beim Postscheckkonto derjenige, der kein Postscheckkonto unterhält, auf das Konto eines anderen Beträge einzahlen kann, so kann auch jeder auf das Reichsbank-Girokonto eines anderen Einzahlungen leisten, und zwar hat die Einzahlung bei einer beliebigen Reichsbankanstalt zu erfolgen. An Gebühren werden ℳ 0,10 für jede angefangenen ℳ 1000,—, mindestens aber ℳ 0,30 für jede Einzahlung erhoben.

Werden Einzahlungen von Nichtkontoinhabern auf am Platze befindliche Girokonten geleistet, so werden auf Verlangen gebührenfreie Quittungen erteilt, sofern der Text auf den hierzu bestimmten und am Schalter einzufordernden Formularen gehörig ausgefüllt wird.

Die Überweisungen nach außerhalb erfolgen im allgemeinen gebührenfrei, wenn der Einzahler gleichzeitig der Reichsbank gewinnbringende Geschäfte zuführt, z. B. durch Diskontierung von guten Wechseln. Der Einzahler hat einen von ihm selbst auszustellenden Lieferzettel nebst anhängendem Duplikat mit Quittungsvordruck einzureichen; das Duplikat wird ihm dann vollzogen zurückgegeben. Einzahlungen von Nichtkontoinhabern werden nicht angenommen, wenn in dem Einzahlungsbeleg eine dritte Person genannt ist, für deren Rechnung die Überweisung erfolgen soll.

Die Reichsbank prüft nicht, ob der Empfänger ein Girokonto besitzt, dieses vorher festzustellen, ist Sache des Einzahlers, der auch die Folgen zu tragen hat, wenn die Gutschrift in Ermangelung eines Girokontos nicht ausgeführt werden kann. Ansprüche wegen unrichtiger Gutschrift verjähren in sechs Monaten.

Diejenigen, die kein eigenes Reichsbank-Girokonto, wohl aber ein Bankkonto unterhalten, geben natürlich am einfachsten ihrer Bank den Auftrag, alle Reichsbanküberweisungen für sie auszuführen.

Das Postscheckkonto.

Das Postscheckkonto bietet besonders da, wo es sich um kleinere Beträge handelt, manchen Vorteil. Jeder Geschäftsmann sollte sich daher neben seinem Bankkonto auch ein Postscheckkonto eröffnen lassen. Das Ideal des Postscheckverkehrs ist die Umschreibung von einem Konto auf das andere vermittels des roten Überweisungsformulares. Jedem Überweisungsformulare ist ein Abschnitt angeheftet, der vom Scheckamte dem Zahlungsempfänger ausgehändigt wird und daher zu allerlei Mitteilungen an denselben benutzt werden kann. Die Überweisung ist für den Auftraggeber sowohl als auch den Empfänger vollständig gebührenfrei.

Eine der wesentlichsten Bedeutungen des Postscheckkontos liegt jedoch noch immer darin, daß auch derjenige, der kein Postscheckkonto unterhält, auf einfache und billige Weise auf das Konto eines andern Beträge einzahlen kann. Die Einzahlung erfolgt mit Hilfe der bekannten blauen Zahlkarte. Der linke Abschnitt wird vom Scheckamte dem Zahlungsempfänger übersandt und kann daher mit Angaben über die Verwendung des Geldes und auch mit anderen Mitteilungen versehen werden. Für den Kontoinhaber ist die Zahlkarte gebührenfrei, dagegen hat der Einzahler bis zu Beträgen von ℳ 25,— 5 Pfennig und darüber hinaus 10 Pfennig zu entrichten, und zwar durch Verwendung von Briefmarken.

Einen weiteren Vorteil bietet das Postscheckkonto bei der Übermittlung von Beträgen an solche Leute, die weder ein Bankkonto noch ein Postscheckkonto haben und denen auch nicht mit einem Barscheck (ohne Vermerk „Nur zur Verrechnung") gedient ist. Es dürfte sich hier besonders um solche Personen handeln, die auf kleinen Ortschaften wohnen. Will man in diesem Falle einen Betrag überweisen, so bedient man sich des Scheckformulars. Man versieht dasselbe auf der Vorderseite mit der zu zahlenden Summe und auf der Rückseite mit der genauen Adresse des Geldempfängers. Der Scheck wird dem Postscheckamte eingesandt, und das Postscheckamt läßt durch Vermittlung der Post dem Adressaten den Betrag auszahlen. Der linke Abschnitt des Schecks wird dem Zahlungsempfänger ausgehändigt und kann daher wiederum für Mitteilungen an denselben benutzt werden. Der Vorteil liegt, abgesehen davon, daß man kein Bargeld zur Post zu bringen hat, in der Portoersparnis. Das Scheckamt rechnet für jede Barzahlung eine Grundgebühr von 5 Pfennig und eine Steigerungsgebühr von 1 Pfennig für je ℳ 100,—. Es kosten demnach:

ℳ	5	durch	Postanweisung	20	Pfg.,	durch Postscheck	6	Pfg.
„	100	„	„	40	„	„ „	6	„
„	200	„	„	60	„	„ „	7	„
„	300	„	„	80	„	„ „	8	„
„	400	„	„	80	„	„ „	9	„

usw.

Das Scheckformular wird man außerdem auch gebrauchen, wenn man vom Postscheckguthaben einen Barbetrag für den eigenen Bedarf abheben will. Man gibt hier sich selber als Empfänger an.

Die durch Postauftrag oder Nachnahme zu erhebenden Beträge läßt man vorteilhaft über das Postscheckkonto laufen, da man dadurch das teure Postanweisungsporto spart. Von dem Postscheckamte sind zu diesem Zwecke besondere Postauftrags- bzw. Nachnahmeformulare mit angehefteter Zahlkarte zu beziehen. Die Zahlkarte ist auszufüllen, und zwar bei Beträgen bis ℳ 25,— um 5 Pfg. und bei solchen über ℳ 25,— um 10 Pfg. niedriger. Die Ausfüllung kann mit der gleichen Summe geschehen, wenn die Zahlkarte entsprechend frankiert wird.

Es ist empfehlenswert, auch die eingehenden Postanweisungsbeträge dem Postscheckkonto überweisen zu lassen. Zu diesem Zwecke muß bei der Post ein dahingehender Antrag gestellt werden. Die Postanweisungsabschnitte werden alsdann dem Adressaten durch die Post zugestellt, während die Beträge täglich in einer Summe mittels Zahlkarte auf sein Postscheckkonto eingezahlt werden. In den meisten Fällen dürfte es hier allerdings angebracht sein, das Geld nicht dem eigenen Postscheckkonto, sondern unmittelbar der Bank überweisen zu lassen. Auch in diesem Falle ist der Antrag beim Postamte zu stellen. Die Abschnitte werden dem Adressaten ebenfalls durch die Post ausgehändigt. Gutschriftsanzeige geht ihm dagegen von seiner Bank zu.

Spesen werden vom Scheckamte nur für Barauszahlungen belastet, und zwar werden dieselben von Zeit zu Zeit in einer Summe dem Konto unter entsprechender Mitteilung abgeschrieben. Alle Briefe an das Scheckamt werden portofrei befördert, sofern man sich der vom Scheckamte zu beziehenden Briefumschläge bedient.

In den meisten Fällen wird auf dem Postscheckkonto mehr Geld eingehen, als man für seine Verfügungen benötigt. Auf Postscheckkonto Guthaben anzusammeln, dürfte nicht empfehlenswert sein, da Zinsen dafür nicht vergütet werden. Man überweist daher alles überflüssige Guthaben auf das Bankkonto.

Die Banken bringen für die Benutzung ihres Postscheckkontos, sofern es sich um Auszahlungen handelt, eine geringe Gebühr in Anrechnung, und zwar beträgt diese zur Zeit $^{1}/_{10}{}^{0}/_{00}$ des auszuzahlenden Betrages, auf 5 Pfg. nach oben abgerundet, mindestens aber 10 Pfg.

Überweisungen vom Postscheckkonto der Bank, sowie Überweisungen und Einzahlungen auf dasselbe sind gebührenfrei.

Anträge auf Eröffnung eines Postscheckkontos können bei jedem Postamte gestellt werden.